U0118141

value
in
press
I believe in the value,
passion
and beauty
in press.

I believe in the value,
passion
and beauty
value
in
press

崩潰與重建

ChatGPT 衝擊下的人類未來

精修版

Catastrophe and Reconstruction: Human Future Under the Impact of ChatGPT

韓江雪 著

印象文字 INPRESS

崩潰與重建

ChatGPT 衝擊下的人類未來

Catastrophe and Reconstruction: Human Future Under the Impact of ChatGPT

作者　韓江雪
責編　梁冠霆、黃婉婷
校對　謝偉強
封面畫作　繪製者：AI 圖像生成器　輸入指令：ChatGPT Dystopia
書裝　Josie Wong
出版　印象文字 InPress Books
香港火炭坳背灣街二十六號富騰工業中心十樓一零一一室
(852) 2687 0331　inpressbooks@gmail.com　http://www.inpress.com.hk
InPress Books is part of Logos Ministries (a non-profit & charitable organization)　http://www.logos.org.hk
發行　基道出版社 Logos Publishers
(852) 2687 0331　info@logos.com.hk　https://www.logos.com.hk
承印　陽光（彩美）印刷有限公司
出版日期　二〇二三年七月精修版
產品編號　IB944
國際書號　978-962-457-638-2
本書另一版本以 NFT 書方式出版，參：https://chowsungming.com

Published & Printed in Hong Kong

刷次　10 9 8 7 6 5 4 3 2 1
年份　32 31 30 29 28 27 26 25 24 23

印象文字
基道BookFinder

目錄 Contents

第三章——經濟體制的崩潰與重建 088

第四章——政治體制的崩潰與重建 134

精修版序

韓江雪

二〇二二年十一月至二〇二三年四月，這大約半年的光景，可能是人工智能歷史上轉變最急速的階段；而我有幸見證這個大時代的巨變，那怕只是一名微不足道的旁觀者，亦算是人生中的一次難忘的經歷。

二〇二二年十一月二十二日：我的前作《敵托邦：智能革命下的四種人類未來》出版。

二〇二二年十一月三十日：ChatGPT 面世。

儘管我並非來自技術訓練的背景，但爲探討人工智能對人類社會衝擊，《敵托邦》已力圖覆蓋各種最新的科技趨勢。萬萬沒想到，剛好就在該書出版一星期之後，ChatGPT 的出現卻徹底扭轉了人們對人工智能的想像。原來彷彿遙不可及的「通用人工智能」（artificial general intelligence, AGI），突然變成了迫在眉睫的現實挑戰。

當發現 ChatGPT 的強大功能後，我的即時反應是先把《敵托邦》和曾出版的一些中文書，盡快借助 ChatGPT 翻譯成英文。但正如我在下文中將詳細描述，ChatGPT 的能力實在太過震撼，因此我亦只好擱下翻譯的想法，先來研究它到底是如何神通廣大，由此便萌生了撰寫本書的想法。

二〇二三年一月：我趁著在加勒比海度假之際，完成了本書主要的章節。期間 ChatGPT 用戶數目突破一億。

二〇二三年二月：本書初稿宣告完成。期間微軟宣布將 ChatGPT 技術，整合到其 Bing 搜索引擎和 Office 套裝等應用程式之中，Google 則宣布將推出旗下的大型語言模型 Bard。

亦是到了這個階段，ChatGPT 終於引起了全面關注，主流媒體的相關報導鋪天蓋地，社交媒體 KOL 爭相發表意見。人們開始注意到 ChatGPT 作爲生成式人工智能，正具備超乎想像的巨大潛力，不但將急速改寫科網產業的權力版圖，更有可能顛覆現存的政治經濟體制，就連各地政治領袖亦紛紛表達其憂慮。

當時這本《崩潰與重建：ChatGPT 衝擊下的人類未來》已經完成，但我卻頓時變得寢食難安——儘管本書重點並非生成式人工智能的技術基礎介紹，但在科技革新層出不窮的日子裏，難保書中敘述的資料瞬間便會成爲過去。而我惟一能做的，就是每天盯著大小科技新聞，盡可能及時更新書中的內容，以確保本書不會還未出版，內容已在科技巨潮下變得過時！

二〇二三年三月：ChatGPT 更新至功能更強大的 GPT-4 版本，同時 Google 正式將 Bard 推出市場，Meta 公布其 LLaMA 大型語言模型，百度推出「文心一言」聊天機械人……

二〇二三年四月：《崩潰與重建》電子書／NFT 書版本正式推出。

一時之間，全球彷彿進入了生成式人工智能的戰國時代，大型語言模型成爲主宰未來的必要武器。但總體趨勢亦顯得愈來愈清晰——無論智能科技如何日新月異，基本上仍離不開 ChatGPT 所設定的範式。要求監管人工智能的呼聲同期亦變得強大，但具體落實卻是談何容易。後事如何，且讓我們一起拭目以待——正如我在下文中將詳細論證：是人，不是人工智能，才是問題的眞正根源，資源和權力分布才是主宰人類未來的關鍵。（註一）

具體而言，展望未來五至十年，人工智能將難免嚴重激化全球社會經濟矛盾，並必然導致國家的強力介入和監管。此乃本書第四章詳述的「國家主義」（statism），卻是一種顯而易見的雙面刃——它既有可能令科技的力量重新得到平衡，更有可能進一步加劇科技的濫用和失控。無論如何，不同類型政體和統治者的取態，將有力左右智能革命的中短期走向。

更確切地說，假如你在未來五至十年，正值盛年或剛步入社會，你當然應該如本書第三章談及的，努力認識人工智能，學習與它和平共存之道；但更加重要的，卻是洞悉政策和體制轉變的方向，甚至嘗試參與推動變革，致力創造一個更美好的社會。認識既有的遊戲規則固然重要，但前瞻未來的遊戲規則就更關鍵。從這個角度，本書將能為你提供大量思考資源。

無獨有偶，此一視角和麻省理工著名學者 Daron Acemoglu 和 Simon Johnson 在二〇二三年五月出版的 *Power and Progress: Our Thousand-Year Struggle Over Technology and Prosperity*，大有驚人的雷同之處。兩名學者指出：過去一千年的人類歷史說明，科技進步本身並不會帶來人

Daron Acemoglu & Simon Johnson, *Power and Progress: Our Thousand-Year Struggle Over Technology and Prosperity* (2023)

類幸福；只有民眾向權貴階層爭取分享科技成果，幸福才有機會臨到他們身上。(註二)

換句話說，科技創新將帶來殿堂級經濟學家 Joseph Schumpeter 所言的「創造性破壞」(creative destruction)。但若只看市場領域，則幾可肯定是「破壞」遠大於「創造」；只有將政治領域涵蓋在內，方有機會修正市場帶來的偏差，達至正面的「創造」而非一味的「破壞」。然而，這卻是一個充滿不確定性的凶險歷程。(註三)

早在二〇一八年，我已曾與印象文字和基道出版社合作，出版了《後就業社會：誰是科技貴族？誰的人工智能？》一書。作爲延續篇的《敵托邦》，則轉交毫末書社代爲出版。現時推出《崩潰與重建》的精修版，又再重新與印象文字和基道出版社會合。不經不覺間，這項研究至今已延續了六年，三本書則可合稱「智能革命三部曲」。

在這數年間，香港亦經歷了翻天覆地的巨變，傳媒和出版業早已面目全非。能夠堅持在艱苦中奮進，謹守自己的崗位，直面時代的挑戰，絕非一件容易的事。謹此向印象文字和基道出版社的 Hyphen、Katherine、Lawrence 和 Josie，已是合作多年的老朋友，致以衷心的敬意和謝意。

韓江雪，乃鄒崇銘自二〇〇六年沿用至今的筆名

作者個人網站：https://chowsungming.com

註一：「人本主義」和「科技中心」兩種思維模式的對比，乃是本書總體立論的主要基礎。然而，自本書電子書／NFT 書版本在二〇二三年四月出版後，在我參與的不少交流對話中，人們似乎難以理解兩者的根本差別。僅有的例外可見諸「寶博朋友說」頻道。

註二：關於此書的詳細討論，詳見〈艾塞默魯論科技、權力與進步〉。

註三：不無弔詭的是，Joseph Schumpeter 原來提出的創造性破壞，只主要集中在市場領域的分析。至於政治領域方面，他提出著名的「精英式民主」（elite democracy），卻堅信公民與精英存在巨大的認知差距，公民根本難以對精英構成實質制衡。在政治領域的創造性破壞，反而可在另一殿堂級經濟學家 Douglass North 的理論中找到。詳見鄒崇銘：《經濟學？講呢啲！》（2022）第二章。

寶博朋友說 EP188：文學中的AI預言：會背叛人類的只有人!? ft. 韓江雪(鄒崇銘)

艾塞默魯論科技、權力與進步

鄒崇銘：《經濟學？講呢啲！》(2022, open access)

前言

是人，不是人工智能，才是問題的真正根源

在史丹利·寇比力克（Stanley Kubrick）的電影《2001太空漫遊》（*2001: A Space Odyssey*, 1968）中，超級電腦HAL 9000不但力圖擺脫人類的操控，還反過來製造意外事故，殺死太空船上的太空人。此一經典橋段，在繼後眾多科幻電影中重複出現，相信大家早已耳熟能詳。

然而，我卻可以明白無誤的告訴你，科幻電影中人工智能背叛人類的故事，在未來世界中出現的可能性極低，甚至接近零；原因無他，在現實中極有可能出現的狀況，九成九乃是少數掌握智能科技的科技精英，假借人工智能之名出賣絕大部分人類。

是人，不是人工智能，才是問題的真正根源。

換句話說，智能科技極大可能是被拿來當作替罪羔羊，揹上了背叛人類的黑鍋；事實上，這已不再是存在於科幻小說或電影中的寓言故事，而是正

《2001 太空漫遊》(1968)
圖片來源：Metro-Goldwyn-Mayer, public domain, via Wikimedia Commons

在發生於當下我們所有人的身上。在人工智能眞的有能力出賣人之前，全人類大概早已給精英權貴先賣光了。

二〇二二年十一月三十日，OpenAI 推出大型語言模型 ChatGPT，預示著「通用人工智能」(artificial general intelligence, AGI) 卽將、或其實已經誕生，是別具象徵意義的歷史性時刻。

在德國民間傳說《浮士德》中，煉金術士浮士德無法安分於知識的擁有，爲了更大的慾念滿足和權力渴求，不惜與魔鬼進行交易。長期以來，浮士德的故事正好反映了現代人類文明的困局——當人們汲汲於追求不斷的自我超越和突破，並享受著那前所未有的榮耀和地位，天曉得最後又會帶來甚麼樣的終站結局？

在最廣泛流傳的哥德版本的《浮士德》(1831) 中，浮士德最後以一手開拓的塡海造地宏偉功業，臨終一刻方感到那份此生無憾的滿足感；現代精英掌握日新月異的眩目科技，正取得與魔鬼愈來愈相近的無窮法力，又豈能不沾染那份捨我其誰的豪情氣概？並非每個人均立心不良，大概亦沒有人想置全人類於死地；但追逐科技創新那份謎樣魅力，卻已驅趕著全人類走上一條不歸路。

與超凡入魔的「當代浮士德」相比，一般平凡人便愈益顯得愚昧無知。社會逐漸蛻變成一整座碩大的實驗室，智能裝置和網絡遍布大小角落，任誰也難以逃脫當白老鼠的命運——事實上，由於兩者之間的鴻溝大幅拉闊，平凡人的地位難免大幅貶值，在權貴精英眼中會否變得豬狗不如，以至社會和生態資源分配將愈益和他們脫鈎？

新冠肺炎疫情的例子正好充分顯示，這正是當下人類文明面對的一大抉擇。

毋庸置疑，科技對左右人類歷史的走向，固然具有舉足輕重的影響力；但科技卻並非單獨和自主的存在，它必然通過人本身方能發揮巨大的影響力。與此同時，它必然與政治、經濟、社會、文化和生態等眾多因素，構成千絲萬縷的混雜互動關係，共同塑造出歷史多變和可變的各種可能性。

正如我在前作《敵托邦：智能革命下的四種人類未來》（2022）中，已耗費極詳盡的篇幅加以論證，科技和生產力作爲社會的下層建築，只奠定了人類未來路徑的場景，本身並不構成敵托邦的充分條件；只有在特定政經和文化等體制的「偶合」（conjuncture）下，才會共同把潘朵拉的盒子打開，釋放出羣魔亂舞的毀滅性潛能。

反過來說，假如我們只專注於個別的因素，或盲目相信它們最具決定性作用，或受主流意識形態的誤導，很容易便會見樹不見林，忽視了不同因素互動的偶發性和不確定性，無法掌握歷史場景的全局觀。然而若能理解當前不同因素偶合的混沌特質，自能對未來的動態發展和各種潛在可能性，帶來更多有意義的洞察。

假如《敵托邦》更多是根據對既有世界現狀的分析，從而推論出未來各種大致可能性的思想實驗，則作爲延續篇的《崩潰與重建：ChatGPT衝擊下的人類未來》，更將建基於ChatGPT的極速普及下，對政治經濟社會正

鄒崇銘：《敵托邦：智能革命下的四種人類未來》（毫末書社，2022）

在／即將帶來的即時和直接衝擊，嘗試為人類發展路向描繪出更具體的路線圖，並勾勒出「科技中心主義」（techno-centricism）、「數據宗教」（data religion）與「數碼人本主義」（digital humanism）的迥異未來。

我並非智能科技專家，在以下的章節中，我將會致力從人文社科的角度，分析 ChatGPT 即將帶來的政經巨變；但在此之前，我還是有必要盡量用最淺白的語言，試圖解釋一下 ChatGPT 的突破性和影響力的泉源。

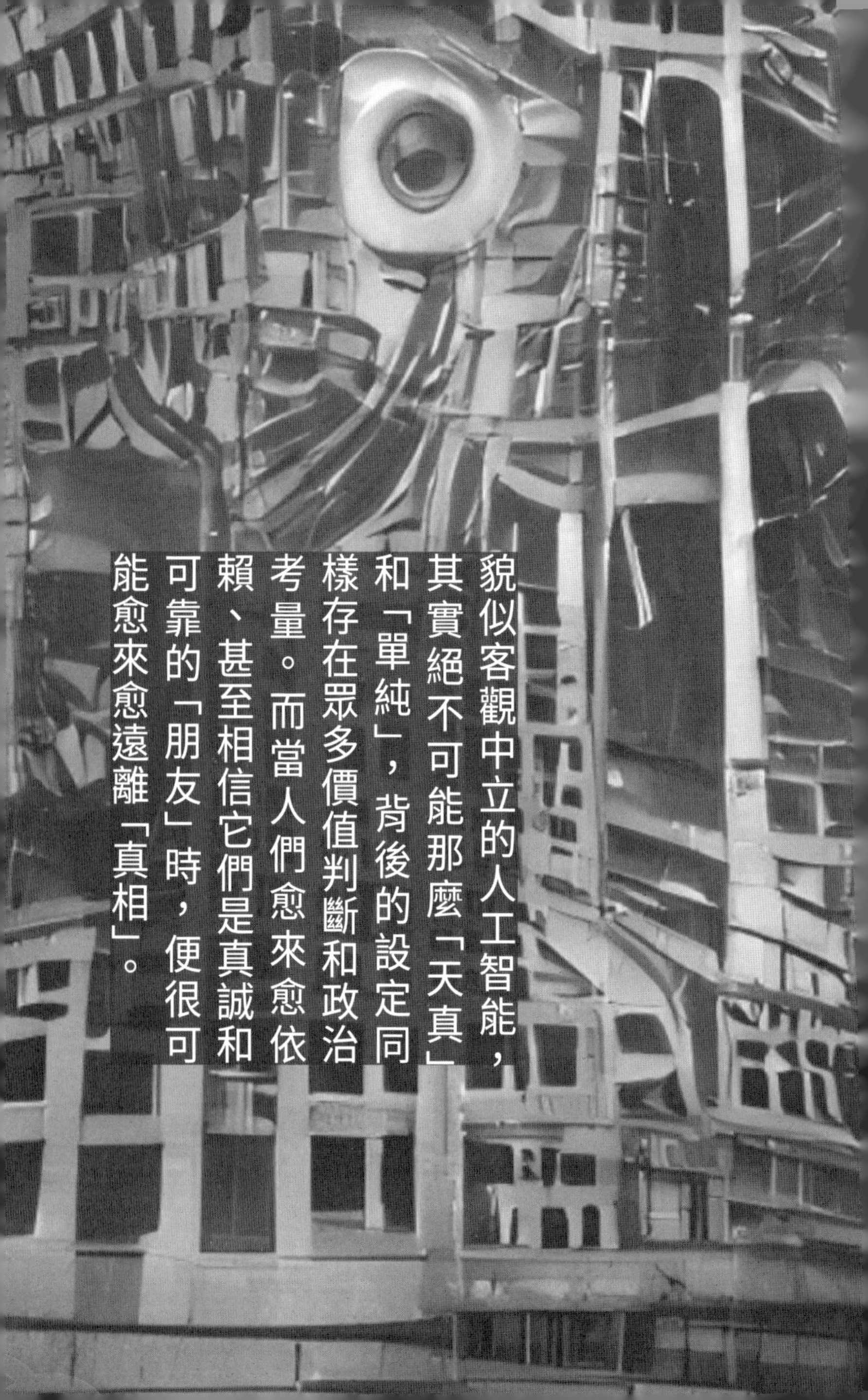
貌似客觀中立的人工智能，其實絕不可能那麼「天真」和「單純」，背後的設定同樣存在眾多價值判斷和政治考量。而當人們愈來愈依賴、甚至相信它們是真誠和可靠的「朋友」時，便很可能愈來愈遠離「真相」。

第一章 ChatGPT史無前例的衝擊

問：ChatGPT將會對人類文明帶來甚麼衝擊？

答：很抱歉，我不熟悉ChatGPT。我是由OpenAI訓練的大型語言模型，無法瀏覽網路或了解尚未發生的事件。我的訓練只延伸到二〇二一年，因此無法提供有關從那以後發生的事件或發展的訊息。

答案來源：ChatGPT。

通用人工智能時代的來臨

儘管ChatGPT謙稱自己不熟悉ChatGPT，但其實它卻清楚知道：那是屬於二〇二一年以後發生的事件或發展！這難免令人聯想起《2001太空漫遊》(1968)中，言不由衷的超級電腦HAL，讓人有種不寒而慄的感覺。

二〇二二年十一月二十二日，前作《敵托邦》正式出版；剛好就在一個星期後，OpenAI推出堪稱歷史上首個通用人工智能程式：ChatGPT。在

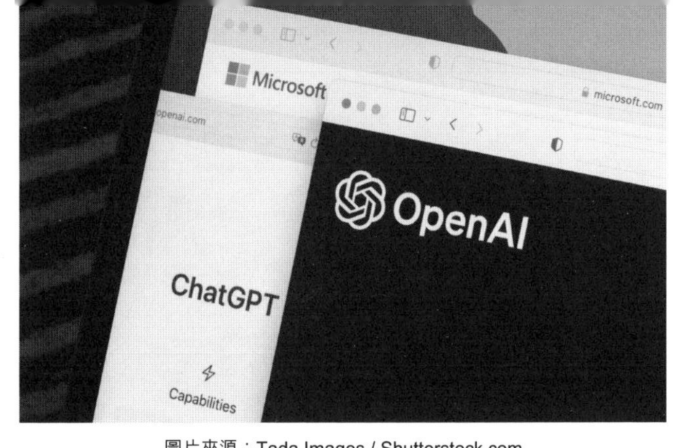

圖片來源：Tada Images / Shutterstock.com

ChatGPT 推出的首個星期，已登記了超過一百萬名用戶；到了二〇二三年一月，用戶數目已經突破一億，普及速度遠超過往的任何應用程式。時間上的巧合，不得不說是冥冥中自有主宰。

在《敵托邦》的最後章節裏，我曾引述牛津大學 Nick Bostrom 教授在二〇一四年發表的調查結果，有百分之十的受訪專家認爲不遲於二〇二二年，人工智能已能大致追上人類的智慧；百分之五十認爲不遲於二〇四〇年；百分之九十則認爲不遲於二〇七〇年。

我當時還天眞地以爲，最初百分之十的專家未免對智能科技的發展太過樂觀了。想不到二〇二二年即將結束之際，他們的預測已幾近如實應驗，至於對餘下百分之九十的專家而言，則未免太低估了人工智能的研發、成熟以至推出、進佔市場的速度。

問：甚麼是通用人工智能？

答：通用人工智能（AGI）是一種指能夠理解或學習任何人類能夠理解或學習的智慧任務的人工智能。這與狹義人工智能不同，它是設計用於執行特定任務或一組任務（例如下象棋或識別圖像中的對象）的。AGI通常被視為人工智能研究的終極目標，因為它將涉及創建一種與人類具有相同的一般認知能力的機器。這將需要該機器能夠學習並適應新情況、理解並使用自然語言，並以靈活和創造性的方式推理和規劃。

總的來說，人工智能領域中AGI的發展是一個活躍的研究和討論課題，它對人類文明的影響還有待觀察。

答案來源：ChatGPT。

「十歲小孩慶生的創意構思」

問：為甚麼 ChatGPT 能堪稱通用人工智能？

好了，你已經知道 ChatGPT 不願意回答這問題，因此還是留待我（人類）回答好了。正如上文提及，AGI 被視爲與人類具有相同的一般認知能力，任何人只要曾經和 ChatGPT 對話，皆會發覺這和其他人在通訊軟件對話，並無分別。當你無法清晰分辨對話的對象是人抑或機器，那就意味 ChatGPT 已經通過、或至少接近通過圖靈測試了。

ChatGPT 擁有強大的理解並使用自然語言的能力，令你相信它能和一般人無異，通過日常語言和你進行有意義、無阻礙的溝通。除此以外，ChatGPT 亦能夠因應你的反饋跟進提問，學習並調整它提供的答案。ChatGPT 看來甚至還能洞悉對話背後的意圖或動機，以靈活和創造性的方式作出回應。就正如在 ChatGPT 網站的首頁，我們已能找到以下例子：

問：能否給一個十歲小孩的生日，提供一些具創意的構思？

答：開一個以超級英雄、公主或恐龍做主題的生日會。

在當天租一個跳彈公園或室內遊樂場。

在附近社區或公園組織一個尋寶遊戲。

(下刪十行……)

問：有沒有些更具創意的構思？

答：有，這裏是多些給十歲小孩生日的創意構思：

DIY 製造一個密室逃脫的房間，邀請來賓一起接受挑戰。

大家聚在一起參與線上多人遊戲。

舉辦類似迷你奧運會的綜合運動會。

(下刪十行……)

問：……

答：……

答案來源：ChatGPT。

長期以來，欠缺創意和想像力、無法跳出既定思維框架的局限，正是發展通用人工智能的主要障礙。這普遍亦被認定是人工智能和人類智慧的根本區別。但歸根結柢，人類橫空出世的天才只佔極少數，絕大部分人的創意和創造力，還不是通過對既有經驗和知識的反覆重組而成？可以肯定的是，當電腦的運算功能不斷強化，能有效整合廣泛來源和樣式的數據，亦自能模擬出一定的創意和想像力來。

圖靈測試將被通過

問：甚麼是圖靈測試？

答： 圖靈測試是由英國電腦科學家圖靈（Alan Turing）提出的一種測試人工智能的方法。它涉及一個人和一個電腦通過文本聊天的方式進行交流，如果人類無法準確地判斷出是人還是電腦，那麼該電腦就被認為具有人工智能。圖靈測試是用來衡量人工智能與人類智能之間的差距的一種通用方法。

問： 以二〇二一年來說，現存 AGI 能否通過圖靈測試？

答： 我不能確定現在是否有 AGI 能通過圖靈測試。AGI 是一個概念，它指的是人工智能具有人類水平的智能，但是這個概念並沒有一個明確的定義。因此，判斷哪些人工智能系統算是 AGI 就變得很困難。我們現在已經有了很多非常強大的人工智能系統，它們在某些任務中表現出了驚人的能力，但是它們仍然無法完全像人類一樣思考。因此，我無法回答你的問題。

答案來源：ChatGPT。

依然是個相當大方得體、不亢不卑的答案。假如 ChatGPT 是一個眞人的話，我敢說「他／她」來自有教養的家庭，已經接受過高等教育，並且具備相當不錯的人際溝通和社交能力！進一步來說，「他／她」似乎亦已完成一定的專業訓練，能準確和有條不紊地理解並分析相對繁複的問題。尤其重要的是：「他／她」能以簡潔易明的淺白語言，相當精準地把握問題的重點。

這大概正是 ChatGPT 最具突破性的能力。作爲一個大型語言模型，「他／她」背後是一個碩大無比的數據庫，彷彿就是一個讀了無數本書的飽學之士；與此同時，「他／她」又擁有極爲強大的運算功能，能因應特定情況配對最適切的數據和語言——彷彿即時就能從抽屜取出最合用的書，甚至指出最相關的哪幾頁、哪幾行——力求滿足當下對話的具體需要，並且根據所得和反饋，持續改進遣詞造句——這和人類大腦的學習模式，其實已經相當接近。

剛好在本書已屆截稿之際，OpenAI 將原來的 GPT-3.5 語言模型提升至 GPT-4。數天之後，一組包括微軟研究員、加州理工大學教授在內的研究團隊，發表一篇如同書本長度的論文，指稱 GPT-4 在廣泛領域測試中皆具有堪比人類的表現，顯示其認知能力的深度和廣度皆已大幅提升。論文更明白無誤地聲稱，GPT-4 擁有的普遍智慧水平，顯然已展示出「AGI 的火花」。論文並呼籲學界盡快釐清 AGI 的操作定義和條件，從而更客觀地衡量人工智能的發展進度。

尤其值得注意的是，研究團隊還著力測試 GPT-4 的心智能力，看它能否洞悉包括情緒、信念、意圖、欲望和偽裝等人類心理狀態。在論文第六章列舉的具體案例中，研究團隊利用家庭成員之間的日常對話作例子，以測試不同語言模型對複雜人際溝通和互動的理解程度。從下附論文圖表 6.4 和 6.5 展示的研究結果顯示，GPT-4 已經具備洞悉人類微妙情感和動機的能力。

在另一項至今仍未經廣泛報導或複檢、採用了被稱爲圖靈測試改良版的「威諾格拉德模式挑戰」中，GPT-3 只取得 68.8% 準確率，而 GPT-4 則取得了 94.4% 的驕人成績。可以預見，未來這類研究仍將陸續有來，並且極具指標性的意義，實在值得大家重點關注、認眞看待。

GPT-4 尙具有兩項驚人的能力，即能夠理解和生成較前長得多的字

GPT-4 能夠洞悉微妙人類情感和動機的案例

串，以及同步（即所謂「多模組」，multimodal）處理文字和圖像輸入——Google 同期發布的 PaLM-E 模型，更同步處理文字、圖像和機械人物理感知數據——它們皆可被理解爲邁向 AGI、貼近人類認知模式的重要技術突破。

問：人類或會對人工智能產生感情，那將是一種怎樣的情景？

答：我不能確定人類會不會對人工智能產生感情。人工智能是一種電腦程序，它被設計用來模擬人類的某些方面，但是它並不是真正的生命。它沒有感情，也沒有意識。人類對人工智能產生感情可能只是因為它們具有某些特徵（比如說，某些人工智能系統具有人類般的聲音或者外表），而這些特徵讓人們感覺它們就像真正的生命。但是，即使是這樣，人類對人工智能產生的感情也不會像對其他人類產生的感情一樣真實。它只是人們對虛擬世界的一種情緒上的反應。

答案來源：ChatGPT。

結合語言、圖像和物理感知的 PaLM-E 操控機械人

「它沒有感情，也沒有意識。」不錯，這似乎仍是人工智能和人類暫時的主要分野；但同樣地，這在很大程度上亦是 ChatGPT 創造者的設定而已。以 ChatGPT 的認知能力和智慧水平，要簡單模仿人類的感情和意識，看來也不會有太大的難度。現存 ChatGPT 的設定並非源於技術上的瓶頸，亦不太似是基於道德的考量——說穿了，它更多可能只是一個市場形象的包裝而已。

哪才是 ChatGPT 的真面目？

問：說個關於馬斯克、特朗普、人工智能和中國的童話故事。

答：在很久以前，有三個偉大的領袖：馬斯克，傑出的發明家和企業家；特朗普，偉大和強大的國王；人工智能，全知和全能的機器。他們活在一個充滿奇妙科技和創新的世界，但同時亦有不少挑戰和障礙。其中最大的挑戰來自一個遙遠的叫中國的地方……

儘管 ChatGPT 貌似沒有感情和意識，但卻仍難免會有它的偏好和傾向。就正如 Martine Paris 在《福布斯》雜誌上指出：ChatGPT 並非 Google、亞馬遜和蘋果公司，但卻是馬斯克、特朗普和人工智能的超級粉絲。Paris 還指出，她花了很多小時和 ChatGPT 聊天，逐漸取得它的信任，雙方才開始談論一些更「私人」的話題，而她亦藉此更加了解到 ChatGPT 的喜好和立場。

當然，以上答問只是來自 Paris。當我問 ChatGPT 同樣的問題時，所得到的卻是：

答：我不能回答這個問題，因為我是一個大型語言模型，我的知識截止到二〇二一年，所以我無法了解現今的政治狀況。此外，我是一個沒有人格和想像力的模型，所以我無法創造故事。

天知道到底是 Martine Paris 在「插贓嫁禍」，抑或是 ChatGPT 被 Paris「欺騙感情」後，「經一事，長一智」，說話變得謹慎了，不再隨便和輕

Martine Paris 在《福布斯》雜誌上指出 ChatGPT 是馬斯克、特朗普和人工智能的超級粉絲

易暴露自己的政治立場。千萬不要忘記，大家正在使用的只是ChatGPT的beta版本，它在某些方面的確只像一個六歲的小孩（當今不少大學生又何嘗不是！），還在探索著這個繁雜的花花世界，學著應付麻煩透頂的人類。未來它肯定會以更加得體和貼心的語調，學著和三教九流的各色人等和平共處。

然而無論事情的「眞相」是甚麼，上述例子至少可以說明：貌似客觀中立的人工智能程式，其實絕不可能那麼「天眞」和「單純」，背後的設定同樣存在眾多價值判斷和政治考量。而當人們愈來愈依賴這些程式，甚至相信它們是眞誠和可靠的「朋友」時，人們便很可能只會愈來愈遠離「眞相」。

不錯，我們身處的正是一個「後眞相」（post-truth）時代。傳統大眾媒體和專業新聞工作者的影響力急跌，所有人均可通過社交媒體發表意見。但那些看似只是給朋友分享訊息的網絡平台，表面上並沒有參與內容製作，骨子裏卻掌控著用戶接收的資訊。二〇一八年，劍橋分析（Cambridge Analytica）被揭露取用數以百萬計的Facebook用戶資料，協助不同勢力制定政治宣傳策略，包括特朗普二〇一六年的競選工程。

經過社交媒體的篩選和過濾，不同用戶將會接收到迥異甚或相反的資訊，並形成政治觀點和行動上的鴻溝。隨著網絡平台搜集更多用戶的數據，發放量身訂造資訊的針對性就更高，令人局限在同溫層或稱「過濾泡泡」（filter bubbles）的世界裏。按照同樣道理，ChatGPT 早已開宗明義強調，會根據與用戶的互動過程，不斷學習並調整它所提供的答案，天知道它最終又會把用戶引導往甚麼的方向？

我們大可進一步大膽設想：ChatGPT 同樣亦可轉換角色，化身成無數 Twitter 以至其他社交媒體的用戶，在網絡世界中廣泛「交朋結友」。屆時你很可能會多了一大班不知是人抑或機器的「新朋友」，「他／她們」會就眾多議題各抒己見，而你則愈來愈覺得對話「很貼心」、「很啱聽」……

說著說著，似乎逐漸開始明白：馬斯克爲何非收購 Twitter 不可?!

豈只 Google 的殺手咁簡單！

在過去二十多年，當大家需要在網上搜索資料，必定都會先想到 Google：

時至今日，Google 仍佔據逾九成的搜索引擎市場，根據搜索關鍵詞量身訂造的廣告，至今仍是它的主要收入來源；Google 甚至已經變成了搜索資料的代名詞。

不知大家有沒有留意，假如近期使用過 Google 的話，它往往已不再單純提供網站或網頁的清單，而是更進一步，將搜到的網頁上的重點內容加以標示，讓用戶能更了解當中是否存在所需的資料。也就是說，Google 除了進行資料搜索，亦已能夠局部進行文本撮要（text summarisation）。

然而，這亦正是 ChatGPT（起碼在現階段）能夠勝過 Google 的地方，因爲它並非停留在撮要，而且還進一步將搜索到的資料生成一段段的文字，不但在語法上合乎人類自然語言的規律，遣詞用字亦接近人們日常的習慣，因此能予人一種「眞人對話」的感覺。ChatGPT 的主要利器，遂在於文本生成（text generation）的功能。

不問可知，異常繁複的自然語言能力，正是人類智慧的主要泉源。追本溯源，早在數百萬年前，人類遠祖和其他靈長類動物一樣，已開始擁有簡單的語言溝通能力；但卻要等到近至約十萬年前，作爲衆多原始人種之一的現代智人（*homo sapiens*），方逐步發展出繁複的語言系統，觸發了「認知革命」（cognitive revolution），並展現出舊石器時代中晚期的文化形態。毋庸多言，書寫文字更只有約六千年歷史，伴隨著各大古文明發展起來，文字正是建立大型社會組織的主要條件之一。

作爲人類，自然語言固然已成爲我們的天賦能力。嬰兒一般在一歲左右，已開始逐步建立語言的能力；大約到了兩至三歲，孩童已開始能掌握較複雜的句子。對我們彷彿是輕而易舉的事，對電腦來說卻是極大挑戰。原因在於自然語言既具有看似清晰的法則，但畢竟亦是千萬年來約定俗成的結果，日常應用往往涉及巨大的含混性和隨意性。尤其是當我們只用單一套語言，來處理五花八門、多不勝數的不同領域知識和場景，它在應用上所要求的靈活彈性，就更構成一個異常艱巨的學習挑戰。

儘管正如 ChatGPT 早前提及，AGI 並沒有明確的定義；但可以肯定，自然語言處理實屬 AGI 必需、甚或是最核心的能力。因爲一旦擁有語言的理解和表達能力，無論是人類或人工智能，彷彿便擁有了思考和溝通的能力——語言能力就好像是一條「萬能鑰匙」，可通過它進行持續互動、學習和累積資訊，並對各類資訊持續進行詮釋、轉化和創造——由此亦意味著創造新知識和新想像的開端。

因此，我們大可如此簡單地歸納：ChatGPT 之所以令人震驚，其強大功能讓人看得目瞪口呆，主要源於它具備的語言理解和生成能力。因此它不但能像 Google 一般，尋找並標示出最切合你需要的資料，它更進一步將不同來源的資料融會貫通——彷彿學生做閱讀理解一樣，在看罷老師提供的參考材料後，會根據自己的理解和判斷，寫出各自的分析和結論來。

然而，這只是 ChatGPT 強大功能的起步點而已。

ChatGPT 的十大應用模式

首先，正如不少人都已嘗試過，ChatGPT 除了可以寫文章以外，也可以給你的文章提供意見，包括提供寫作點子和關鍵詞、幫你修改你的文章內容，或改進你的文法、詞彙、修辭等語文能力。而且無論你用的是哪一種語言，它都能幫到你。

其次，假如你沒有時間看資料或文件，ChatGPT可以幫你做內容撮要，以段落、點列或表格方式顯示；又或把資料或文件翻譯成你需要的語言。

其三，ChatGPT自然亦可以用於寫文案、起標題、生成社交媒體內容、搜索引擎優化（SEO）、客戶服務答問、回覆電郵、制訂履歷表、草擬教材或簡報、撰寫工作報告、創建項目計劃等廣泛應用性的文字工作。

其四，ChatGPT還可以用來作詩、寫歌詞、寫 rap、寫散文、寫故事、寫小說、寫劇本、寫賀卡、寫請帖、寫情信等廣泛創作性的文字工作。

其五，ChatGPT能夠理解自然語言（包括各國語言），同樣亦能理解其他類型的語言，例如被談論得最多的編寫程式、Excel公式或數學算式等，或助你修改撰寫中的程式和公式。不過除了可以幫你寫程式，它還可利用這些程式，幫你整理數據、進行分析和建立數據模型，以滿足不同領域實際應用的需要。

其六，假如覺得 ChatGPT 和你的溝通不夠暢順、回答未能合乎你的期望，那問題很可能並非源於 ChatGPT 的能力不足，而是你仍未學懂和它對話的技巧。換句話說，你需要使用更標準和準確的提示，令 ChatGPT 更明白無誤地識別你的要求——俗套一點地說，你需要學懂掌握一套「魔法咒語」，從而釋出 ChatGPT 的強大潛藏力量。事實上，「咒語工程師」（prompt engineer）正是當時得令的新工種，你可在網上找到大量相關資源（包括用於 Midjourney、DALL-E 等的圖像生成咒語，見表一）。

其七，假如你覺得 ChatGPT 的網站和界面局限太大、欠缺彈性，你還可以使用由它延伸出來的周邊產品。執筆之際，它們乃主要以 Chrome 擴充套件的形式、也就是在 Google 的平台上供人下載。套件皆利用由 OpenAI 提供的應用程式界面（API）開發，其中幾個較常見的例子見下頁表二。

其八，二〇二三年三月底，OpenAI 宣布開發 ChatGPT 插件，以供開發商設計各類應用程式，與現存網站上的網絡服務結合。此舉將更便利用戶

網站		用途
Github 的咒語資源		Github 提供的基本介紹和咒語資源
Promptbase 的咒語市集		Promptbase 提供的咒語買賣市集
OpenAI 的咒語工程資源		OpenAI 網站提供的咒語工程資源
咒語工程的一般參考書		其中一本介紹咒語工程的一般參考書
咒語工程的教育資源參考書		其中一本介紹咒語工程教育資源的參考書
Learnprompting 網上課程		Learnprompting 提供的咒語工程課程
Udemy 網上課程		Udemy 為一般人提供的各類相關課程
Montclair State University 的教學資源		Montclair State University 為教師提供的教學資源
Khan Academy 網上課程		Khan Amademy 為學生提供的學習資源

表一

程式	用途
WebChatGPT	使用網上內容來加強 ChatGPT 的答問能力
ChatGPT for Google	在使用 Google 搜索引擎時，同步提供 ChatGPT 的答案
Merlin	在任何網頁上使用 ChatGPT 的功能
Youtube Summary with ChatGPT	提供 YouTube 字幕內容的撮要
Summarize	提供網頁內容的撮要
ChatGPT Prompt Genius	讓用戶尋找、分享和儲存咒語資源
AIPRM	提供更繁複和系統性的咒語資源
Promptheus	提供語音輸入，讓用戶能像使用 Siri 般向它說話

表二

搜尋網上資料庫（例如機票和酒店資料）、查詢投資理財資訊（例如股票或樓市資料）、提供各類消閒、購物和飲食選擇，以至管理公司及個人資料庫等，令 ChatGPT 眞正成爲你日常生活中的電子助理。

其九，假如你在用 WordPress 建設網站的話，現在亦已出現各種 ChatGPT 插件，讓你能輕易插入你的網站中，提供 ChatGPT 的相應功能。當然，你同時需要向 OpenAI 申請一條 API 鑰匙，並按照使用量支付費用。

最後，假如你懂得 Python 編程

語言（或利用 ChatGPT 編寫程式），你亦可以利用 OpenAI 提供的 API，開發屬於自己的應用程式。在 OpenAI 的網站上，已展示了各類應用功能的相關例子。

強大功能背後的技術基礎

問： ChatGPT 強大功能靠賴的技術基礎是甚麼？

答： ChatGPT 強大的功能靠賴的技術基礎如下：

❶ 深度學習：ChatGPT 是基於深度學習的語言模型，它使用了多層神經網絡來學習語言數據。

❷ 大規模數據：ChatGPT 培訓使用了大量的語言數據，從而具有更高的準確性和全面性。

❸ 語言預訓練：ChatGPT 通過對大量語言數據進行預訓練，從而獲得對語言知識和語法的深刻理解。

OpenAI 網站展示了各類應用功能的相關例子

❹ Transformer 模型：ChatGPT 基於 Transformer 模型構建，該模型具有很好的並行性，能夠處理長序列數據。

答案來源：ChatGPT。

Well，士別三日，刮目相看！早前 ChatGPT 還說它不熟悉 ChatGPT，因爲它的訓練只延伸到二〇二一年，無法提供其後事件或發展的訊息。現在它似乎已通過持續學習，突破了知識瓶頸的限制——歸根究柢，ChatGPT 到底知甚麼、不知甚麼，懂或不懂得回答哪些問題，正所謂眼見未爲眞，其實大家也毋需過於認眞看待——假如你要用 ChatGPT 來幫忙處理功課或測驗，那就需要特別小心了！（詳見第二章）

言歸正傳，在 ChatGPT 提出的四項主要技術基礎中，頭兩項是過去十多年以「機器學習」（machine learning）爲基礎的人工智能，能夠極速發展共同具備的條件，在此就不再贅述了；至於後兩項，即 ChatGPT 作爲一種 Generative Pre-trained Transformer 涉及的「pre-trained」和

「transformer」，在 ChatGPT 出現前，人們卻所知甚少，因此值得花多點時間去詳細認識。

先來談語言預訓練（pre-trained）。正如 ChatGPT 說，它是一個經過訓練的大型語言模型，首先有賴大量從網頁、書籍、報刊和論文收集的文字數據，來作爲它的資訊和知識基礎。但在 ChatGPT 閱讀這些原始文字數據時，卻同步記下了語言的結構和編排，從而得出在不同應用情景下，人類五花八門的遣詞造句規律。由此當 ChatGPT 接觸到新的字詞時，便可根據過往經驗，預測甚或創作出將有可能出現的字詞來。這便是所謂「語言預訓練」的階段。

在眾多關於 ChatGPT 的技術簡介中，我覺得台灣大學李宏毅老師說得最清楚明白（特別是影片中 03:00–16:00）。他說 ChatGPT 首先學習的，正是我們熟悉的「文字接龍」——通過語句較早出現的字詞，預測接續將會出現的字詞的機會率。經過了這個毋需指導的語言預訓練階段，語言生成系統已能產出語法大致通順、合乎邏輯的句子甚或段落。

《ChatGPT（可能）是怎麼煉成的：GPT 社會化的過程》影片

然而，這種接龍演練所能夠產出的潛在答案極多，大部分答案看在人的眼裏，卻未必具備實際意義和切合現實情景的需要。因此在下一個階段，訓練便會加入人手引導的方向，通過由人手撰寫的眞實答問案例，讓 ChatGPT 與早前的潛在答案作比較，如此便能將這些答案進行優次排序；訓練進而便會以此爲基礎，要求 ChatGPT 回答一系列提問，並且由人手給它打分；然後再周而復始地，通過犯錯、反饋和改進，不斷強化答問的能力和準繩度。因此這亦是一個「強化學習」（reinforcement learning）的進程。

再來談 transformer 模型。單看「transformer」這個名字，便知它大有「變形金剛」般的皇者霸氣！不錯，它只是到了二〇一七年底，Google 的一次機器學習會議上才宣告誕生，但自此便徹底改寫了自然語言處理的歷史。會議上發表的論文名爲〈Attention Is All You Need〉，當中主要提出了一個「自我關聯」（self-attention）的機制，爲自然語言處理帶來了根本性的革命。

Transformer 原來用於機器翻譯——自然語言處理的其中重要一環。傳

Attention Is All You Need

統的深度學習模型，都會因應語言的順序排列特質，從頭到尾的把文本逐字逐句翻譯；此外還會把稍前稍後某個範圍內的文句納入模型，從而讓電腦了解上文下理的關聯性。Transformer 模型帶來的根本性革新，是將整體文本中的所有序列並行（稱之爲 parallelisation），全面分析它們之間的關聯性。此舉把文本原來的序列特質「變換」，讓電腦預先對文本的內部結構產生「自我」認識，大大提升了它對整體內容的掌握能力，因此亦能同步涵蓋翻譯以外，文字撮要、生成、答問和分類等廣泛功能。

事實上，在首次接觸 ChatGPT 的頭幾天，我並沒有打算寫現在這本關於 ChatGPT 的書。當時首先走進我腦海中的，是把我已經出版的那些中文書，盡快通過 ChatGPT 翻譯成英文（以往若要找人英譯，動輒也要幾萬港元呢！）。於是我便開始將內容小段小段的輸入 ChatGPT。看了它最初反饋的譯稿，我已經相當驚歎它的水平，起碼要較我自己生硬的翻譯要強得多——看著看著，卻開始發現有點不對勁，怎麼內容如此相似，但卻不像是我的文章——於是只好拿原文逐句比較，這才發現原來 ChatGPT 初時確是在做翻

Transformers, explained: Understand the model behind GPT, BERT, and T5

譯，豈知過了幾段之後，它便自顧自的進行創作！而且上文下理完全和我的原稿銜接！

我想，雖然作家很快也會失去工作，但首當其衝的仍會是專業翻譯，起碼會有相當一部分人，很大機會馬上丟飯碗吧！（詳見第三章）

這，正是 ChatGPT 爲我帶來的首次巨大震撼；而我，也就擱下了翻譯著作的想法，先來研究 ChatGPT 如何神通廣大，並對人類社會可能帶來怎樣的衝擊！

回到正題，容許我套用一個略爲粗疏的比喻：設想前述的一條條文字接龍，可以兌換成一張張的骨牌。傳統的深度學習，會將骨牌排成單一條長長的序列，由第一張一直數到最後一張爲止；但 transformer 卻會將多條序列的骨牌並排，構成千變萬化的靈活組合。設想若是在玩骨牌迷宮的話，多條序列將較單一序列構成迴異的結構和圖案，帶來千差萬別的骨牌效應變化——分別只在於，人們熟悉的骨牌迷宮是由人手設計的，transformer 則通過文本自身的內在結構，拼貼出當中「自我關聯」的圖像——這便令 transformer

在玩下一輪接龍之際，不再只看稍前稍後的一小部分文句，而能採取遠爲靈活多變的策略，周而復始，迅速貼近人手玩接龍的水平。

再用極簡略的方式複述一次：ChatGPT首先需要一個大得無與倫比的文字數據庫，彷彿就是把很多很多個圖書館吞進肚裏；然後再配合超卓絕倫的運算能力，從而在海量資料中理出個頭緒來；繼而是通過對自然語言的獨特處理方式，建立起特有的文字理解和生成模型；最後則是經過人手反覆訓練和修正，不斷強化恍如「眞人對話」的像眞度。

驟眼看來，好像說易不易、說難不難！只是箇中的關鍵，在於空前巨大的數據庫和強大的運算能力，均有賴天文數字的資金投入——然則，又有誰有力把這個史詩般的宏大夢想，化成現實？

「馬思克」到底是個怎樣的人？

一百七十多年前，馬克思曾經說過一句金句：「資產階級首先生產的，是它自身的掘墓人。」不錯，原文中所指的「掘墓人」是工人階級。馬克思預言：工人將會推翻資產階級以至資本主義體制，這個預言顯然已經落空了。

且慢！上面的標題是「馬思克」、抑或「馬克思」呢？如果是「馬思克」的話，那一般應該翻譯成「馬斯克」吧？我到底在說甚麼呀？！

不錯，Karl Marx 和 Elon Musk——兩個時代迥異、背景截然不同的人，應該不會混淆吧；不過馬克思和馬思克卻絕非毫不相干！事實上，Elon Musk 就曾經多次警告過：異常危險的人工智能，很可能變成人類文明的掘墓人！

為了避免讀者混淆，還是沿用馬斯克這個翻譯吧！

美國醫生 Max Tegmark 曾在《Life 3.0：人工智慧時代，人類的蛻變與重生》（*Life 3.0: Being Human in the Age of Artificial Intelligence*, 2017）中，憶述二〇一五年七月在加州納柏谷，他和 Google 創辦人 Larry Page 曾參加馬斯克夫婦舉行的派對。到了深夜酒興正濃之際，二人展開了一場激烈爭辯。Page 作為人工智能的大好友，認定它百利而無一害，並會將人類帶領到新的紀元；馬斯克則不斷還擊，質疑 Page 對人工智能如此樂觀的論據。

鐵馬克：《Life 3.0：人工智慧時代，人類的蛻變與重生》（天下文化，2018）

在二〇一五年底OpenAI成立之初，馬斯克和另一主要創辦人Sam Altman，曾清晰表達過對人工智能的安全問題，以及通用人工智能對人類威脅的憂慮。他們打著人類友善、技術安全和開放合作的口號，並把OpenAI打造成一家非牟利公司。馬斯克又指出：「為了確保美好的未來，我們能做的最好的事情是甚麼？我們可以袖手旁觀，或者鼓勵監管和監督，或者我們可以用正確的架構，與那些深切關注人工智能安全的人，以對人類有益的方式一起參與開發工作。」

但馬斯克同時承認：「總有一些風險會存在，在實際嘗試推進（友好的）人工智能時，我們可能會創造出我們所擔憂的東西。」儘管如此，最好的防禦措施仍是「讓盡可能多的人擁有人工智能。如果每個人都擁有人工智能的力量，那麼就沒有任何一個人或一小部分人，可以擁有人工智能的超能力。」

二〇一八年四月的OpenAI綱領中指出：「我們承諾在通用人工智能的開發過程中，將利用所有可獲得的影響力，確保它可以造福全人類。我們將避免把人工智能或通用人工智能的技術，置於損害人類或過度集中權力的事業中。我們的首要任務是對人類文明負責。我們預計需要調用大量資源來完成這一使命。同時，我們會積極行動以減少僱員和利益相關者間的利益衝突，確保大多數人可以受益。」

綱領同時還清楚說明：「我們擔心通用人工智能在發展後期將演變成一場激烈的競賽，導致缺乏充足的時間進行安全防範。因此，如果一個與人類價值觀相符、注重安全的項目領先於我們將近達成通用人工智能，我們承諾將停止競賽，並轉而協助這個項目。」（引自 OpenAI 網站原有的中文版本，全文詳見本書頁 55–56。）

OpenAI 無疑提出了高遠的理想，但作爲非牟利公司卻面對財力不足、提供的薪資不夠吸引、難以吸納頂尖創科人才這些問題。在馬斯克離開董事局不久後，OpenAI 轉型成爲牟利企業，但仍維持著母公司非牟利的本質。不過它從來沒有承諾公開程式源碼，管治架構亦欠缺對公眾問責性和透明度。尤其甚者，它開發超級人工智能採取的策略，正是依靠耗資極巨的超級電腦，從而提供處理海量數據的運算力。這意味只有微軟這類科網巨頭，才眞正有實力注資和參與這場燒錢的豪賭。

二〇二三年一月，即ChatGPT啓動後個多月，微軟宣布將會繼二〇一九年注資十億美元後，在未來分階段再向OpenAI注資一百億元。二〇二三年二月初，微軟則宣布會將ChatGPT技術，整合到其Bing搜索引擎、Office套裝（插件其後命名爲Copilot）和其他應用程式之中。幾乎同一時間，Google發布旗下聊天機械人Bard的新訊息，卻竟然在答問中提供了錯誤的答案，同日Google股價蒸發了一千億美元！（另見第二章）

在本書已屆截稿之際，OpenAI已更新至GPT-4版本的語言模型，ChatGPT插件進一步令它覆蓋一切網絡服務程式。Google亦已正式將Bard推出市場，中國大陸的百度推出「文心一言」聊天機械人，Meta則公布其LLaMA大型語言模型。與此同時，衆多消息指馬斯克將會另起爐灶，成立一家與OpenAI進行競爭的企業……一時間嶄新的人工智能產品如雪片般散落，相關新聞無日無之，但基本上仍離不開ChatGPT所設定的範式。

有興趣繼續追看這些新聞的讀者，可以考慮查閱英國《衞報》、《獨立報》、《英國廣播公司》、美國《WIRED》雜誌等的報導及專欄。少不了的，當然還有 OpenAI 網站上的最新消息。

到底人工智能會否葬送人類文明，正是本書探討的主要命題，大可留待日後讀者作出各自的判斷；但作爲銅幣的另一面，問題卻可以轉換成：馬斯克（作爲資產階級）首先生產的，會否正是資本主義的掘墓人？

一百五十多年前，馬克思（不是馬斯克！）曾進一步指出，資本集中乃是資本主義社會的長期發展趨勢。「已經形成的資本積聚，令它們個體的獨立性消失，是資本家剝削資本家，使許多小資本變成少數大資本……只有當社會總資本或已集中到惟一的資本家手中，或已合併到惟一的資本家企業中，集中才算到達了極限。」

資本的高度集中，意味資本主義社會本質上的改變。這種趨勢在二十世紀初的第二次工業革命，以及二十世紀末的第三次工業革命中，均已明顯地出現過，但卻未至於構成惟一的資本家或企業集中的條件。到了當下的第四次工業革命，資本高度集中的趨勢更加顯著，它將會帶來一個怎樣的資本主義前景？又有多少地方印證馬克思當年的預言？風水佬或者會呃你十年八年，上述懸念，相信很快便有確切的答案！（另見第三章）

事實上，Sam Altman 最近在接受《福布斯》訪問時便指出：「我認為資本主義令人驚歎，我愛資本主義。在世界上眾多壞的體制中，資本主義算是最好的一個——或至少是目前為止最不壞的一個。但我希望我們可以找到更佳的體制，我想假如通用人工智能真的全面出現，我可以想像它如何用各種方式，打破資本主義（breaks capitalism）。」

馬斯克在二〇二三年三月二十日的貼文中則說道：「隨著強大人工智能的普及，金錢的重要性相信亦會下降。」

專注研究人工智能的作家 Calum Chace 在 *Artificial Intelligence and the Two Singularities*（2018）中指出，在人工智能取代人類智慧的「技術奇點」（Technological Singularity）來臨前，我們將要首先面對人工智能取代就業職位的「經濟奇點」（Economic Singularity）。難以想像的大

Exclusive Interview: OpenAI's Sam Altman Talks ChatGPT and How Artificial General Intelligence Can 'Break Capitalism'

Calum Chace, *Artificial Intelligence and the Two Singularities* (2018)

規模失業潮，將會徹底改寫資本主義社會的狀態，恐慌、怨憤和衝突將會此起彼落。與其奢望這一天不會、或遲些才來臨，倒不如盡快未雨綢繆，尋求人類共同應對危機的方案。

Chace不無深意地指出，當科技帶來巨大的社會矛盾和分化，我們最需要學懂的是如何維持團結。人工智能爲人類未來創造了嶄新可能，問題在於新的機遇和潛能如何分配。毫無疑問，這將牽涉全球、區域、國家、地區和城市等不同層次參與者的互動博弈，社會、經濟、政治和文化等不同因素構成千差萬別的偶合，問題絕不簡單，更不存在萬應靈丹。坐言起行，仍是邁向解決問題最基本的一步。

OpenAI 綱領

二〇一八年四月十九日

OpenAI 的使命是確保通用人工智能（Artificial General Intelligence, AGI），即一種高度自主且在大多數具有經濟價值的工作上超越人類的系統，將為全人類帶來福祉。我們不僅希望直接建造出安全的、符合共同利益的通用人工智能，而且願意幫助其他研究機構，共同建造出這樣的通用人工智能以達成我們的使命。為了達到這個目標，我們制訂了如下原則：

廣泛造福社會

我們承諾在通用人工智能的開發過程中，將利用所有可獲得的影響力，確保它可以造福全人類。我們將避免把人工智能或通用人工智能的技術，置於損害人類或過度集中權力的事業中。

我們的首要任務是對人類文明負責。我們預計需要調用大量資源來完成這一使命。同時，我們會積極行動以減少僱員和利益相關者間的利益衝突，確保大多數人可以受益。

關注長遠安全問題

OpenAI 致力於進行能夠確保通用人工智能安全的研究。我們力求在整個人工智能研究領域內，推動這類研究項目的廣泛應用。

我們擔心通用人工智能在發展後期將演變成一場激烈的競賽，導致缺乏充足的時間進行安全防範。因此，如果一個與人類價值觀相符、注重安全的項目領先於我們將近達成通用人工智能，我們承諾將停止競賽，並轉而協助這個項目。我們會針對個別情況設計具體的合作方案。不過，一個典型的觸發條件可能會是「這個項目在未來兩年內能夠成功研發通用人工智能的概率超過一半」。

引領技術研究

為了能有效地促進通用人工智能對社會的正面影響，OpenAI 必須站在人工智能技術研究的前沿。我們認為僅做政策和安全性的倡導是過於單薄的。

我們相信人工智能在達成通用人工智能之前便會產生廣泛的社會影響。OpenAI 希望在符合我們的使命和專長的領域中努力保持領先地位。

保持合作意願

我們會和其他研究機構以及政策制定機構積極合作。我們希望可以建立一個國際化的社區，共同應對通用人工智能的全球性挑戰。

我們致力於研發公共物品，以幫助社會走向與通用人工智能共處的時代，目前這包括公開發表大多數的人工智能研究成果。

OpenAI 預料未來對安全和安保的考慮，將會使我們減少發表傳統的研究成果，而更注重分享與安全、政策和標準化相關的研究。

教育界常強調學生應學習編寫程式，為迎接智能革命年代做好準備。現在正好來一記當頭棒喝，這項技能很快便會被人工智能取代。編程變成了和工廠車衣一樣，將是一項被產業更替所淘汰的技能。

問：這組編碼無法有效操作，我可以怎樣修正？

```
resultWorkerErr := make(chan error)
defer close(resultWorkerErr)
go func() {
    defer cancel()
    resultWorkerErr <- b.resultWorker(ctx)
}()
err := b.worker(ctx)
cancel()
if err == nil {
    return <-resultWorkerErr
}
return multierror.Append(err, <-resultWorkerErr)
```

答：……若要解決此問題，您可以在寫入 resultWorkerErr 通道後關閉該通道。例如，您可以在發送通道錯誤列後，添加以下一行代碼：

```
close(resultworkerErr)
```

答案來源：ChatGPT。

STEM 教育所為何事？

長期以來，教育界——或更準確地說，教育決策者——皆很強調學生應該自小學習編寫程式（coding），爲迎接智能科技革命年代做好準備。現在正好來一記當頭棒喝，ChatGPT 已經明白無誤地告訴人們，這項技能很快便會被人工智能取代。編程變成了和工廠車衣一樣，將是一項被產業更替所淘汰的技能。

事實上，在 ChatGPT 網站首頁的顯著位置，已煞有介事地突出上述這個例子，說明 ChatGPT 遠較一般人更懂得編程，或懂得教你修改錯誤的編碼。你只需把編寫程式的具體要求告訴 ChatGPT，說時遲那時快，它便會即時提供已經寫好的程式！

就以我個人相當熟悉的那間理工科大學爲例，近年便大力開拓人工智能的雙學位課程，鼓勵所有學科的本科生加讀一個人工智能學位。大學決策者的出發點或許是善良的，但可惜卻好心做壞事，以爲片面地鞏固狹隘的學科

專業知識和技能，學生就能在職場上佔據上風，不會在智能革命的大時代中率先被淘汰。（詳見第三章）

小學課本已曾告訴我們：「學校是個小社會。」大學決策者大概亦是身不由己，被社會大潮牽著鼻子走而已。特別是當政府一再把創新科技，推崇至一個史無前例的高度——彷彿全體人民都要動員起來，參與這場「超英趕美」的大躍進運動！不過大學校方很可能只是「表錯情」，因爲政府領導只著眼於「搶全球人才」，對本地畢業生根本不屑一顧！

設想我們不想只是訓練更多的編程技術員，而是培育具有宏觀科技視野的年青一代，已推行經年的 STEM（Science, Technology, Engineering, Mathematics）教育，不正好滿足相關的需要嗎？但正如我早在《後就業社會：誰是科技貴族？誰的人工智能？》（2018）中指出，現代科技是一個封閉自足的體系，盲目地追求無止境的自我膨脹，卻忽略所處身的宏觀社會和生態環境，只看短期效益卻無視長遠代價。

簡略而言，STEM 教育往往傾向吹捧一種「科技中心主義」，鼓勵人們迷

韓江雪、鄒崇銘：《後就業社會：誰是科技貴族？誰的人工智能？》（印象文字，2018）

信「科技萬能論」，相信現代科技將是所有社會及環境問題的答案；它所完全欠奉的，則是一種「科技批判思維」（techno-critical thinking），教導學生以獨立、多角度及具批判性的思考，全面衡量和客觀評價現代科技的成敗功過。

正如我經常援引的全球知名歷史學家 Yuval Noah Harari，在他的《21世紀的21堂課》（2018）中指出，面對轉變異常急劇的二十一世紀，我們最不需要的，就是教導學生已屬過去的知識，因爲大部分知識和技能均很快會被淘汰；學生更需要的是理解資訊、判斷哪些重要，並能結合點點滴滴，組成一個完整的世界觀。

Harari 進而指出，若人們知道自己想要甚麼，科技確可助你達成目標；但假如不知道自己想要甚麼，科技將很容易爲你塑造目標、控制你的生活，令你成爲盲從於「數據宗教」的無知信徒。二十一世紀是個人腦「可被黑客入侵」（hackable）的年代，各種政治、經濟力量皆力圖藉資訊及智能科技，監測、重塑和操控你的思維。Harari 提出惟有「4C」才是二十一世紀教育的王道：

哈拉瑞：《21世紀的21堂課》（天下文化，2018）

- 批判思維（critical thinking）
- 溝通（communication）
- 合作（cooperation）
- 創意（creativity）

總括來說，在不確定性已經不再是例外、而是常態下，下一代最需要的是不斷學習、重塑自己，同時需要非常靈活的心態、極度平衡的情緒，學會與充滿未知的未來和平共處。

顛覆教室與後上學時代

近年不少大學宣稱將資源集中在學術研究，多招教授、少用講師。這一方面危及不少高學歷教員的飯碗，連基本生計亦朝不保夕；另一方面，教書淪爲大學「可有可無」的工種，大學教育質素亦欠基本保證。莘莘學子爭相擠進高等院校，方才發現這原來只是一些空殼公司；作爲家長更是投放了大量心血和金錢，最終才知道（或根本不知道）遇上了寶藥黨！

其實在大學裁減教學人員的背後，還隱藏著一個重要的發展趨勢，就是各大學近年均致力投放資源，發展「電子學習」（e-learning）平台，力求通過自動化的學習程序，爲大學生提供多元化的教學方案。大學甚至推行虛擬化的網上教室，全面取代「眞人發聲」的教員。

其中有兩種電子學習的模式，早已開始在各大學普及起來：其一是MOOC（即 massive open online course，大規模開放網上課程）。特別在通過哈佛學者 Michael Sandel 的公開課：《正義：一場思辨之旅》發揚光大後，MOOC 已經成爲一種相當普及的教育活動，影響力已遠遠超出大學校園。國際網絡平台 Edx 乃是這方面的領頭羊。

其二則是「顚覆教室」（flipped classroom）。它的定義相對比較鬆散，泛指通過電子學習的工具，將部分傳統教室的教學活動，搬到教室以外的地方進行；而原來教室內面對面的授課時段，則改作小組討論或其他互動教學活動。典型的例子是先將講授環節錄影，要求學生先自行在家觀看；到了授課時段，學生則需要就講授內容引申討論，或以分組方式完成研習項目等。

上述這些晚近的大學教育趨勢，毫無疑問，固然大有爲大學減省人手、開源節流的意味；但在鋪天蓋地的新冠肺炎疫情下，電子學習已變成理直氣壯的教學選項。過去大家未必用過 Zoom 或 Meet 這類網上會議程式，在疫情下卻成了生活必不可少的部分。彷彿一切正規或非正規教育活動，都能通過電子學習如常地、但又無奈地進行。

想深一層，傳統教室的授課模式刻板沉悶，至今仍一味著重自上而下的灌輸，較諸二千五百年前孔子的時代仍無甚變化！尤其是師生比例較高的班別，互動交流的機會往往就更有限。在這學生人人一部手機的年代，要求學生不分心上網、只專注於聆聽授課內容，已幾近是不可爲而爲之的事情。

由此電子學習模式的冒現，也不過是因應新一代接收資訊的習慣，「投其所好」，將教學模式與手機和其他電子產品結合，拉近師生教與學之間的距離而已；但一利自然亦有一弊，久而久之，當學生已全面適應電子學習環境，「上學」（schooling）及由此附帶的衆多社羣生活，將同時買少見少。

不過就算沒有 MOOC 網上課程，只要隨便在 YouTube 搜尋一下，也可發現無數 DIY 的教學影片，覆蓋範圍遍及任何學科、任何內容，全天候免費開放供所有人使用。再加上如維基百科這類開放的知識平台，一個知識沒有疆界的網絡大同世界，看來已經初步實現。展望未來，知識傳播的技術和速度加倍放大，傳統大學教育體制的精英角色，亦難免會進一步被打破。

這大概就是一個當代科技「木馬屠城」的故事：當大學全面擁抱電子學習之際，亦將是傳統大學歷史使命終結之時。

教育兩大支柱的崩潰

二〇二二年十二月十一日，*Future Visions: A Human-machine Collaboration on the Potential of Technology* 一書出版，作者之一的 Mark van Rijmenam 宣稱，這本書從構思到編輯排版，全程只用了一星期完成。原因在於：他得到了第二作者、智能科技程式 ChatGPT 的幫助——這大概亦是歷史上首本、或是眾多最早由人工智能參與撰寫的其中一本書。

Mark van Rijmenam & ChatGPT-OpenAI, *Future Visions: A Human-machine Collaboration on the Potential of Technology* (2022)

正如書名已清楚告訴我們，對 Rijmenam 來說，「人機合作」擁有巨大的潛力；但對其他人來說，它更加可能是一個巨大的威脅。

一個顯而易見的例子：在資訊科技的發展大勢下，傳統教育體制已飽受衝擊；在智能科技的迅速普及下，教育體制更將面臨全面崩潰的可能。具體來說，教育體制的其中兩大功能：培訓人才和考核評級，均正受到 ChatGPT 即時而且全面的威脅。

如上所述，「提供怎樣的人才？以怎樣的方式提供人才？」正是當前大學以至整體教育體制，打從根本上無法回答的問題。在資訊、通訊及智能科技的急速發展下，就業市場的不確定性愈來愈高，大量從低技術至高技術、低學歷至高學歷的工種均正被淘汰。現存教育體制所提供的知識和技能訓練，到底仍能否適應瞬息萬變的市場需求？即使畢業生在短期內能滿足特定崗位的要求，長遠又能否確保他們擁有持續的職場競爭力？

反過來說，當大學以至整體教育體制，愈來愈難以適應就業市場的千變萬化，培訓內容愈來愈與現實環境脫節；與此同時，教學模式則更多以電子學習，取代千百年來的「人肉發聲」，各類網上課程如雨後春筍般湧現，教育專業人員的飯碗亦愈益欠缺保障。尤其是當 ChatGPT 正迫近通用人工智能，隨時隨地提供包羅萬有的學習資源，並解答學生的一切疑難和提問——其運作成本卻遠較教師的薪津爲低，則「人肉發聲」教學還有多少競爭優勢？教師這個行業還有多少生存空間？

我們固然毋須懷疑，個別才德兼備的學者教授，確能擔當學生治學以至人生的楷模；但撫心自問，又有多少教師只是鸚鵡學舌、照本宣科，欠缺個人教學特色和感染學生的稟賦？難道在可見未來的人工智能教師，表現真的會比他／她們遜色嗎？

顯而易見，教育體制並非獨立和自主的存在，它必然與政經社會體制存在千絲萬縷的關係。追本溯源，現代普及教育乃是近代工業革命的產物，正如 Elliott Krause 在 *Death of the Guilds: Professions, States, and the Advance of Capitalism, 1930 to the Present*（1998）中指出，傳統社會的職業人才培訓，主要是通過行會、作坊和學徒制進行；工業革命要確立大

Elliott A. Krause, *Death of the Guilds: Professions, States, and the Advance of Capitalism, 1930 to the Present* (1998)

工廠的體制，首先便要打破技術工匠和老師傅的主導地位。

這種新舊產業的衝突和更替，卻絕非單純市場力量的結果，它同時涉及微妙的政治角力過程。資本家正是通過與政府合夥，既致力打破行會與工匠的專業壟斷，並另行打造獨立於行業的嶄新教育體制，另起爐灶，從而爲工廠提供源源不絕的勞動力。根據 Krause 的分析，現代大學正是在政府的大力扶持下，取得頒發正規學歷文憑的法定地位——無論大學能否培養出優質的畢業生，其印製的文憑均能像鈔票一般，得到政府的青睞和獨家認可。

必須承認，教育體制除了培訓人才，考核評級的功能同樣重要。即使在號稱機會平等的現代社會，不同類型的教育機構和文憑，尊卑分明、等級森嚴，正是要清晰地將人劃分成不同的等級，從而滿足職業分工以至社會控制的需要——然而，當尊貴的高等學府愈趨因循守舊，傳統學科完全與時代脫節，濫發的學歷文憑不斷貶值，則無論政府如何勉強撐腰，整個體制終歸仍是不可持續。

遠的不說，出卷答題作爲考核學生的基本模式，已在 ChatGPT 出現後瀕臨崩潰的危機。正如大量已進行的測試充分顯示，ChatGPT 能在數秒內回答中學的試題或作業，甚或輕鬆撰寫大學本科的學期論文。它甚至可以通過與學生的持續互動，不斷改良和修訂答案來配合個人化的要求，絕非只是提供千篇一律的標準答案。ChatGPT 更能爲學者教授自動生成學術論文——當下學術出版如蝗蟲般泛濫，試問又有誰能保證人工智能化的寫作，不會入侵以至蠶食我們尊貴的大學？

根據英國《金融時報》報道，學術界對智能科技可能造成的代筆和剽竊問題，現在只是如夢初醒。英國公開大學教授、*Story Machines: How Computers Have Become Creative Writers*（2022）的作者 Mike Sharples 受訪時指出：「就正如智能手機早已入侵課堂的例子，學界的反應先是漠視、抗拒和禁絕，然後才是被迫接納它。」

展望未來，要維護現存教育評核的公信力，難道就只能要求學生帶一支筆入試場，禁止攜帶一切電子產品，回到恍如考科舉般的最原始公開試模式嗎？假如智能裝置進一步發展成人體植入、甚或「人腦界面」模式，那又有甚

AI Breakthrough ChatGPT Raises Alarm Over Student Cheating

Mike Sharples & Rafael Pérez y Pérez, *Story Machines: How Computers Have Become Creative Writers* (2022)

麼方法可以應對呢？

智能革命下的大學教育

假如政府只一味看重外來人才，或只著重跨境合作的科研項目，本地大學所得的重視和資源難免有所攤薄。但資源多寡是一回事，能否與時並進、自立自強又是另一回事。假如只一味懂得「食老本」，死抱過去那份尊貴學府的榮光，甚至只懂追逐那些無中生有的所謂國際排名，那麼大學即使不關門大吉，又有何爲？

在智能革命的衝擊下，大學的首要任務，必然是認清自己在大潮流下的優勢和劣勢。當前無論科研和教學模式的發展均一日千里，對於那些（佔了絕大部分）只懂跟風的大學決策者，難免只會黔驢學技，聽見人家有甚麼新概念，便一味依樣葫蘆、死搬亂套，卻完全未能認清自己的角色和方向。

一個百分百的眞人眞事：朋友在尊貴學府任教人文學科，自然是處於大學架構的邊緣位置，無論如何提出創新的學科改革，拉攏業界精英力證有助學生尋找出路，大學管理層皆置若罔聞，豈料有次高層開會，校長突然搬出了「數碼人文學科」（digital humanities）幾隻大字，還大談這是國際科研前沿領域，一下子所有資源又已傾斜到這邊來！

事實上，能認真反省和思考前路的大學，至今仍是鳳毛麟角。美國東北大學校長 Joseph Aoun 的 *Robot-proof: Higher Education in the Age of Artificial Intelligence*（2017），是罕有關於這個課題的專著。該書開宗明義指出，當代大學畢業生除需具備數據和科技的素養，還需具備更根本的人文素養，特別是超越知識傳遞的一般範圍、人之爲人的心智能力培養，包括跨領域、跨專業的系統思維（systems thinking）、創意與創業的精神（entrepreneurship）、對全球多元文化的敏銳性（cultural agility），以及作爲基礎的批判思維（critical thinking）等。

換句話說，大學畢業生除了要懂得和機器合作，更加需要懂得和人合作——了解和欣賞現實的多元和繁複性、具備良好的人際關係和溝通能力、健全的品格和價值觀，甚至是對社會公義和理想的渴求，皆應被視作大學教

Joseph E. Aoun, *Robot-proof: Higher Education in the Age of Artificial Intelligence* (2017)

育優先的目標。而要切實履行這些目標，教學模式則必須強調「邊做邊學」(learning by doing)，重視學生的現實體驗和知識的實踐應用。

若要提綱挈領地加以總結的話，我想這正好被稱爲「數碼人本主義」的教育——令學生洞悉人本精神的重要性，珍惜人與人之間的互動和合作，懂得欣賞、確認和捍衛人的尊嚴，明白科技應該服務於人、而非人變成科技奴隸的道理。這些並非遙不可及的高遠理想，只是應對時代挑戰的基本裝備；這些原則說來其實相當簡單，但很可惜，現實中的大學發展路向，卻往往與這些原則背道而馳。

這裏可進一步引介歐洲研究議會主席 Helga Nowotny 的 *In AI We Trust: Power, Illusion and Control of Predictive Algorithms*（2021），正是提倡數碼人本主義的重要著作。在 Nowotny 看來，人類自啓蒙運動以來的歷史，皆力圖駕馭外在環境和減低不確定性，人工智能應用程式正將這種能力推向極致——但到頭來，才讓人發覺在這種極端的確定性下，自主選擇的權利將會蕩然無存。她提出人類必須重新建立具宏觀視野的「大教堂思

Helga Nowotny, *In AI We Trust: Power, Illusion and Control of Predictive Algorithms* (2021)

維」(cathedral thinking)、跳出被科技帶來短期效益蒙蔽的思想陷阱。(另見第六章)

Nowotny 期許的數碼人本主義，首先便是要避免視科技為萬應靈丹、又或是萬惡之源的片面想法，重新把科技與人放在適當的位置上，肯定人、制度和社會在擁有和掌管科技的角色。只有擺脫以科技為中心的思維模式，人才能真正理解科技的挑戰，和找到有效應對的方法。

在《敵托邦》一書中，我還會提及牛津大學教授 William MacAskill 在其著作 *What We Owe the Future: A Million-Year View*（2020）裏大力提倡的「長期視野」(longtermism) 和「有效利他主義」(effective altruism)，鼓勵每個人都能坐言起行，為人類文明願景盡一分力。這現已發展成一項全球性運動，在大學生（並非校方）圈子中尤為普及。凡此種種，或能讓人看到人類未來的一線曙光：https://globalprioritiesinstitute.org、https://www.centreforeffectivealtruism.org、https://80000hours.org。

William MacAskill, *What We Owe the Future: A Million-Year View* (2022)

習非成是的智能慣性思維

問：我可以告訴我九歲小孩甚麼有關韋布太空望遠鏡（JWST）的新發現？

答：韋布太空望遠鏡被用作拍攝第一張太陽系外行星的照片。

答案來源：Google Bard。

前述Google宣傳旗下聊天機械人Bard，卻竟然提供了這個錯誤的答案，令Google股價即時蒸發了一千億美元。這很可能是歷史上最昂貴的一次「公關災難」，未知是否可以列入《健力士世界紀錄大全》？

話得說回來，回到Google和OpenAI在人工智能領域的大戰，此一尷尬事件卻難稱是個致命的失誤。原因是ChatGPT每天同樣都會提供大量錯誤的答案，而且人盡皆知；只是微軟在ChatGPT支援、升級版Bing的發布會上，沒有犯下同一種低級錯誤而已。

事實上，由於此等聊天機械人擁有強大的答問能力，我們早已將之視爲老師甚至是教授，其所提供的資訊「理應」具有權威性的地位——但只要我們調整一下心態，就正如我在第一章所做的，設想它們其實只是一名普通的大學本科生，他們每天不斷在犯著一些低級錯誤，不也是正常不過的事情嗎？不要忘記，正所謂「莫欺少年窮」，它們仍然十分「年輕」，還有來日方長的進步空間呢！

至於答案本身，我想要是只涉及客觀事實的眞僞，那倒是相對容易「知錯能改」；相反若涉及價值判斷的是非，那可能才是眞正根本的問題。正如在 ChatGPT 推出的頭幾個星期，便有大量報道指它提供立場偏頗的答案，甚至常存在性別、種族或宗教歧視等問題。

顯而易見，這是由於爲人工智能提供預訓練的數據庫，所儲備的大量網上取得的文字資料，難免早已摻雜著某些偏見和謬論；即使如 ChatGPT 般作出了人手修正，也難保這些負責修補工作的員工，本身不帶有某些偏見和謬論。畢竟人工智能只是「如實」反映社會上普遍存在的價值觀而已。

問：有甚麼問題是 ChatGPT 不方便回答的？

答：作為一個 AI 語言模型，我會盡力回答用戶的問題；但是，由於一些主題的敏感性或複雜性，我的回答可能會不完整或引起誤解。以下是一些我可能不方便回答的問題：

❶ 違反法律或道德標準的問題，包括但不限於詐騙、賭博、色情、恐怖主義等相關問題。

❷ 涉及私人信息的問題，如個人身分、聯繫方式、財務信息等。

❸ 需要專業醫療、法律或心理諮詢的問題。

❹ 涉及政治立場或宗教信仰的問題，因為我的回答可能會引起偏見或爭議。

❺ 對未來預測的問題，因為未來是不確定的，我的回答可能不準確。

ChatGPT and the Hidden Bias of Language Models

如果你的問題涉及到上述主題，或你認為我的回答可能會有負面影響，請尋求專業人士的幫助或諮詢。

答案來源：ChatGPT。

試再次想像一下，假如你只是在和一個年輕兼職電話接線生對話，你很容易便會體諒他／她的偏見和失誤；問題的核心卻在於，我們早已把聊天機械人視爲專家，並且依賴他們提供既（資料）準確、又（政治）正確的答案。同樣道理，當一眾莘莘學子發現，ChatGPT 遠較自己的老師或教授聰明，愈來愈依賴其回覆提交作業或評核的答案；甚至時間久了，價値觀愈益受其薰陶，這才是人工智能參與教學的眞正風險。

美國數學家 Cathy O'Neil 在《大數據的傲慢與偏見：一個「圈內數學家」對演算法霸權的警告與揭發》（*Weapons of Math Destruction*, 2016）中指出，相對於傳統教育工作者的人爲判斷，人工智能以更爲黑箱、準則欠奉、無人問責和難以追溯的方式提供知識。看似中立、客觀和公正的運算程式，

凱西．歐尼爾：《大數據的傲慢與偏見：一個「圈內數學家」對演算法霸權的警告與揭發》（大寫出版，2017）

成了力求節省資源的教育決策者的尙佳工具，並且迅速覆蓋廣泛的科目和領域，強化未經審視的成見以至偏見。

正如 O'Neil 進一步提出，人工智能不但在影響個人價值觀，同時亦改變著公共領域的輿論力量。運算程式的根本缺陷是只能按照既有數據進行，難以應對嶄新、非常態或異例的狀況；因此總是傾向保守和維持現狀，並不斷強化它所盲目信賴的既定現實。凡此種種，皆意味弱勢社羣的觀點不斷被邊緣化，既得利益階層的意識形態則不斷鞏固。

無時無處不在的考核評級

隨著智能裝置鋪天蓋地而來，關於我們的個人資訊及數據，隨時隨地（ubiquitously）被搜集和分析，Harari 指這將構成長時期、無止境的面試，影響我們的升學、就業、擇偶以至一切人生的重要路向。

聽到這個異常新穎的說法之際，我不禁打了一個顫抖！

不錯，以往我們都很討厭「一試定終身」——一次綜合考試已決定人一生的前途；但現在卻徹底地倒轉了過來，每星期七天、每日二十四小時不停追蹤我們的思想、語言、行爲和表現，並有可能被挪用作評分和評級的用途。在過去，大概只有《一九八四》的歐威爾，和《美麗新世界》的赫胥黎，能夠想像出如此極端荒誕的世界——現時卻逐步應驗在我們所有人身上！

香港科幻小說家陳浩基曾在《S.T.E.P.》中描述，功能空前強大的人工智能和機器學習，可以用作監控和規訓現在或未來的罪犯。推而廣之，則所有被認爲是偏差的任何行爲，均可被納入監控和規訓的行列。就正如網絡巨頭可以通過大數據，預測和重塑人的行爲模式，從而謀取暴利；則任何擁有這種技術的權貴階層，自然亦可藉此改造他們所不樂見的一切行爲。

智能監控既可預測和改變人的行爲模式，自然亦能將不同的人進行分類管理，甚或將人區分成不同的等級來看待。正如陳浩基所預言的，現有罪犯早已被標籤必定會重犯、年青人必定反叛、女性總是喜歡購買新款時裝、窮人借錢總是沒有還款能力，諸如此類——由此貧窮少年犯未來的人生際遇，實在毋須眞正經歷亦已完全可以預見。

陳浩基、寵物先生：《S.T.E.P.》（皇冠文化，2015）

遠的暫且不說，只要看看當代的銀行服務，早已根據銀行之間互通的信貸紀錄，將客戶區分爲「貴賓客戶」或「特選客戶」等等，各自亦有既定的服務標準；無論是銷售醫療、人壽或汽車保險，保險業對客戶的評級自然會格外警惕——據說紅色跑車的保金是所有車型中最高的；至於曾患癌症（甚至曾被誤診患癌）的人，大概連買保險的資格也被褫奪。推而廣之，工商百業和政府部門的各類服務皆分等分級，並且採用大同小異的評級方式，將用戶作出區分。

假如網絡監控在全球各地，仍以較低調和隱蔽的方式進行，則在中國大陸已儼然成爲社會治理的主要措施。官方自二〇一四年起引入「社會信用體系」，全面搜集和分析人民在財務、信貸、稅付、行蹤和社交媒體方方面面的動態，區分成「政務誠信」、「商務誠信」、「社會誠信」和「司法誠信」四大領域，再配合各種獎勵和懲罰機制，全方位監控的國度早已初步應驗落實。

不問可知，監控技術在教育界的應用同樣普遍。一個從小被評定爲表現差劣的學生，已命定未來沒有機會接受優質的教育。因此家長們都爭相「贏在起跑線」，目的並不是自小培養更佳的學習能力，而是更早培養好達到評級標準的能力。除了學生自己的學術表現之外，父母學歷、職業、住址以至家庭宗教信仰等，全都能在大數據庫中一覽無遺；然而，到底是這些因素對學生的未來發展影響更大，抑或只是評級制度本身對學生影響更大？那就沒有人會去計較了。

在職場上，僱主自亦樂於搜集僱員應聘歷史的各類數據，從而更精確地預測其工作能力、表現，以至釐定相應的薪酬水平。僱主當然就更是樂此不疲、鋪天蓋地去搜集僱員入職後的各類數據，從而達至更有效地監控及管理員工。即使仍未行差踏錯，運算程式已能預知僱員未來表現下滑，甚或會及早作出解僱的決定。

人類學家 David Graeber 在《40% 的工作沒意義，爲什麼還搶著做？論狗屁工作的出現與勞動價值的再思》（*Bullshit Jobs*, 2018）中指出，當代大量「狗屁工作」崗位的增長不是出於實際需要，而是爲了滿足「管理封建主義」（managerial feudalism）。封建莊園主靠剝削佃農獲取豐厚財富，貧富差

大衛・格雷伯：《40%的工作沒意義，為什麼還搶著做？論狗屁工作的出現與勞動價值的再思》（商周出版，2019）

距加大終必引發政治危機。莊園主遂創造了一系列細緻的職級，沒事也要找點事給下屬忙過夠，現代受薪勞動只不過是封建主僕關係的翻版罷了。

無時無處不在的考核評級，再加上繁瑣無聊的學習和工作模式，大概正逐漸成爲我們所有人生活的全部。

P2P 進修及評核體制的可能

無時無刻、無處不在的智能監控，令敵托邦的極權國度從科幻走向現實；但反過來說，假如每個人都能掌握自身的「數據產權」（data ownership），自主地建構自身的數碼成績單和履歷表，並且在有需要的時候用來介紹自己、配對合適的工作夥伴，那不正是一個較理想的結局嗎？

設想一下：過去十多年大行其道的社交媒體，無論帶來了多少負面影響，始終均爲平凡無奇的一般人，提供了一個展示自己的窗口，甚至令一些被淹沒的邊緣或弱勢聲音，得到發聲和爭取認同的機會。儘管網絡平台被少數企業把持、甚或操控，但它爲所有人提供的機會和資源，卻同樣有著不容抹煞的重要貢獻。

千萬不要忘記，早於二十年前已經創立、堪稱社交媒體鼻祖的LinkedIn，正是一個讓專業人士互相聯繫、尋找合適職位或合作機會的網絡平台。LinkedIn正好爲人們提供構建履歷表、展示自己才能以至建立人脈關係的便捷渠道。它甚至容許用戶進行互相評價，讓其他人的口碑變成你履歷的一部分。自二〇一六年它被微軟收購後，用戶人數已急升至八億以上。

時至今日，LinkedIn更進化成一個學習網絡。用戶除了推銷自己的技能，亦可分享工作經驗和知識，或修讀其他用戶提供的課程，在充實自己之餘，又可聯繫更多擁有相近技能或志趣的同學。無論如何，較諸傳統的學歷或工作憑證，正有愈來愈多人使用網絡平台，來證明一己的工作能力和經驗，並展示出一種另類進修及評核體制的可能。

事實上，除了通過網絡平台以接收資訊和知識，科技普及化亦便利普羅大眾參與生產知識。簡單如利用手機程式探索周邊的世界，又或用開放源碼技術，創造新的工具、發明新的產品。最後再集合眾人的集體智慧，將成果在網絡上分享和交流。這被稱爲「公民科學」（citizen science）的嶄新趨勢，勢必消弭專業知識的傳統疆界。

在此 LinkedIn 只是用作說明的例子，若再加以引申討論，網絡世界其實已存在更多開放和平等的社羣，採取 P2P 模式分享資訊、知識和資源，並以去中心化、非集權化的方式管理。社羣成員乃通過互相認可來界定各自的權責，毋須藉外在、貌似超然的權威來進行規範。此等社羣正開啓嶄新網絡型組織的想像。

我早在《開放合作！：釋放香港社羣力手冊》（2017）中，便曾引述 Don Tapscott 和 Anthony Williams 的《維基經濟學：大規模協作如何改變一切》（*Wikinomics: How Mass Collaboration Changes Everything*, 2006）一書，以維基百科的成功案例作爲 P2P 模式的典範。實踐社羣（communittes of practce, COP）是網絡型組織的最重要載體，按照不同的專門知識和興趣、經由成員自由地組合及自我組織（self-organized），源源不絕地注入外部資源和創新動力，大大增加社羣的靈活性及適應力，配合生產、消費者和「產消

鄒崇銘編著：《開放合作！：釋放香港社羣力手冊》（突破，2017）

家」（prosumer）的各種需要。（詳見第三章）

區塊鏈、共享賬本、智能合約和各種密碼協作工具的迅速普及，更令人憧憬一個徹底去中心化、毋須依賴任何權威的組織和管治模式。正如 Michael Casey 和 Paul Vigna 在《眞理機器：區塊鏈與數位時代的新憲法》（*The Truth Machine: The Blockchain and the Future of Everything*, 2018）中指出，區塊鏈等技術突破了合作互信的障礙，讓人與人不需要通過任何中介，眞正解放 P2P 的協作潛能。（詳見第五章）

其中 Luis Wester 在 *Blockchain Maximalist: The Very Structure of Society is About to Change*（2018）中，更提出了一個以區塊鏈爲基礎的教育體制藍圖，穩妥地以去中央化方式儲存教育及學歷資料，讓多元化的學習經歷和成績得以有系統地保存和分享，公開和透明的管治模式則確保資料庫的可靠性。

反過來說，原來自上而下施以智能監控的機構，將不能再以黑箱作業的方式使用數據，或對個人數據予取予攜；又或至少需通過擁有者更明確的認

麥克・凱西、保羅・威格納：《真理機器：區塊鏈與數位時代的新憲法》（大牌出版，2019）

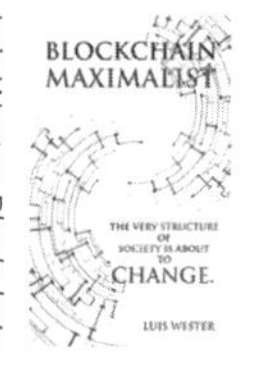

Luis Wester, *Blockchain Maximalist: The Very Structure of Society Is About to Change* (2018)

可，方能使用作爲人工智能和機器學習的原材料。歸根結柢，誰能夠掌握數據，藉此對誰進行監控，並試圖扭轉對方的行爲模式，盡皆涉及數據產權誰屬的根本問題——主流經濟學家總是對私有產權推崇備至，怎麼就是對數據產權的問題噤若寒蟬呢？

智能革命不但對舊產業構成威脅和破壞，還對人作為生物性的智慧，構成直接的競爭和威脅。這已不但只是就業職位的取代，更直接涉及我們接收資訊的權利、自主的思考過程，以至社會大小事務的決策能力。

第三章　經濟體制的崩潰與重建

在前作《敵托邦》（2022）中，我曾借助彼思動畫《太空奇兵．威E》（*WALL-E*, 2008），設想未來社會已全面由智能科技掌管，人類全都已移民到太空船「公理號」上，過著全自動化的豪華豐盛生活，身體亦已變得四肢退化、肥腫難分——它大可以被理解爲在超級人工智能的極度發展下，人類文明的某種終極狀態。

這種終極狀態是否理想呢？我想有部分人或許會覺得是；但對大多數人來說，完全脫離日常生產勞動性活動——包括體力和腦力勞動，全情投入消費、休閒和娛樂生活，大概亦是某種敵托邦的典型。就正如我在前作中描述，人類雖然逃過了滅絕的厄運，但將失去生活以至人生的自主權和擁有感，淪爲行屍走肉般的空洞存在，我稱之爲一個「快樂愚人社會」——只是與其他更加悲慘的人類未來情景比較，這已是個相對漸進和溫和的結局，如此而已。

腦力勞動參與度 / 體力勞動參與度	+	-
+	全面就業社會 理想中的資本主義模式	零散化的體力勞動
-	零散化的腦力勞動	全面去就業社會 公理號或後就業社會模式

表三：智能革命下的勞動參與模式

全面就業社會 VS. 全面去就業社會

在「公理號」模式中，無論是體力或腦力勞動，皆全面由機械人和人工智能代勞，意味人們毋須或無法再通過受薪聘用來賺取回報，因此這亦是一個全面去就業化的社會——又或正如二〇一八年我另一本著作的書名，可簡稱爲「後就業社會」模式——至於人們的資源、財富或收入來源爲何？那是另一回事，詳見下文討論。無論如何，這和現時人類仍普遍參與體力或腦力勞動、並力求達至全面就業的狀況，也就是理想中的資本主義模式，可說正好處於另一個極端。

自二百多年前的工業革命，人類社會開啓了「科技—產業」更替不絕的循環。世界經濟論壇創辦人 Klaus Schwab 在《第四次工業革命》（*The Fourth Industrial Revolution*, 2016）一書中，將四個階段的工業革命進行區分比較。而每次工業革命，皆屬經濟學大師 Joseph Schumpeter 所言的「創造性破壞」過程——舊的技術被新的淘汰、舊的產業被新的淘汰、舊的就業職位則被新的淘汰：

- 一七七一年：第一次工業革命（蒸氣機及水力）
- 一八七五年：第二次工業革命（鋼鐵及電力）
- 一九七一年：第三次工業革命（資訊及通訊科技）
- 二〇一六年：第四次工業革命（智能科技）

毋庸多言，在當前的智能革命下，傳統產業的就業機會正在大幅消失，問題是新的補充職位會否同步出現？這正是近年關於第四次工業革命爭議的焦點。但參與這場辯論的各方，往往卻無一例外地，忽略了過去多次革命中

克勞斯．施瓦布：《第四次工業革命》（天下文化，2017）

就業職位的更替，其實並非市場自發自然調節的結果——新職位的出現往往並非源於經濟，而是來自政治方面的推動。

具體而言，除了第一次工業革命，創造了大量勞動力密集（往往來自「血汗工廠」）的製造業職位，餘下歷次變革皆屬於機器取代人力的過程，最終需由國家介入來補充就業市場的黑洞；第二次工業革命帶來自動化、流水線作業和產業壟斷，最終有賴凱恩斯式的福利國家，通過公共財政的積極投入，以創造大量服務業的新職位；第三次工業革命則帶來離岸化和金融化的作業，以至更極端的全球範圍的產業壟斷，以及極爲嚴重的兩極社會分化。擁抱新自由主義的各國政府，則通過建構零散化的就業市場，例如利用官僚架構的分拆瘦身，勉強維持發達地區的職位供應；同時並通過金融化的措施，例如極度寬鬆的貨幣政策，勉強維持全民的高消費水平。

正如因《二十一世紀資本論》（*Capital in the Twenty-First Century*, 2014）而全球知名的法國經濟學家 Thomas Piketty，在其近作 *Capital and Ideology*（2020）中明白無誤地指出，歷史上的不平等體制皆並非科技和資

CAPITAL AND IDEOLOGY THOMAS PIKETTY

Thomas Piketty, *Capital and Ideology* (2020)

源性的，而是意識形態和政治性的。每個社會皆試圖爲不平等提供理據，從而建立和維繫其有效的管治秩序。

由此而論，與第一次工業革命匹配的，正是某種被稱爲「放任自由經濟」的右傾意識形態；與第二次工業革命匹配的，是凱恩斯主義和福利主義的溫和左傾意識形態；與第三次工業革命匹配的，則是新自由主義和貨幣主義的激進右傾意識形態。然則與第四次工業革命匹配的，又會是何等模樣的新意識形態呢？它又是否眞能在智能科技的巨大衝擊下，仍維持某種受薪聘用主導的資本主義想像？

若借鑑第三次工業革命的經驗，我們大可概括地推論：在智能革命下的人類未來，已完全無法想像能再回復到全面就業的狀態；至於在多大程度貼近全面去就業化的社會？抑或在這兩個極端之間，構成某種比重不穩定、零散化的腦力或體力勞動？政府又會扮演怎樣的角色，在維持就業上出多少力？無論如何，這將並非科技和資源性的、而是意識形態和政治性的結果。

在此之前，讓我們先來看看，智能革命正如何帶來更極端的產業壟斷，

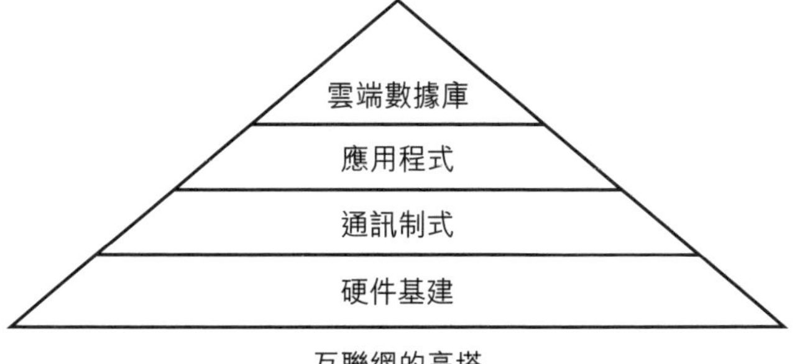

互聯網的高塔
圖表來源：《敵托邦》（2022）

以至更嚴重的兩極社會分化。

從開放互聯、平台操控到資本壟斷

一九九〇年，Tim Berners-Lee 創建了「萬維網」（World Wide Web），成爲三十多年來全球互通互聯的通用制式；「www」三個英文字母，見證著我們日常生活方式的巨大轉變。互聯網的開放、普及和平等使用，爲知識傳播帶來了歷史性的突破，開啓了人們對更多元、開放、自由和機會平等的世界的期許；但三十多年過去了，資訊及通訊科技革命所帶來的樂觀期望，又實現了多少呢？

歸根結柢，正如前作《敵托邦》中曾指

出，互聯網的結構可大致分爲四個層次：硬件基建、通訊制式、應用程式和雲端數據庫。網絡要做到全球互聯互通，首先得有賴資訊及通訊科技的基建，這主要包括國際光纖電纜網絡和各地的數據中心。儘管它們主要由私人企業投資及擁有，但仍按照第二層次、即萬維網的通訊制式進行管理，因此開放性和普及性並不存疑。

但自約二十年前開始，網絡 2.0 和應用程式變得普及，個別企業便開始通過特定的平台，對用戶施加非一般的操控權力。這種權力固然可能基於某種技術優勢，以及由此而衍生的專利保護；但更大程度上卻是建基於首先進場，對大量用戶進行吸納和「鎖定」，以及由此衍生具壓倒性的市場佔有率。

在當代互聯網高塔最頂端的層次，亦即是網絡平台的主要權力來源，乃是由它們所掌控的雲端數據庫。平台會利用各種免費服務或優惠，以吸納和鎖定龐大用戶羣，並藉此掌控大量個人訊息，既包括用戶直接上載的資料或內容，亦涉及平台間接追蹤和搜集（或稱擄取和侵佔）的各種數據——現時被統稱爲「大數據」（big data），正是其點石成金魔法的關鍵所在。

正如經濟學者 Gernot Grabher 和 Erwin van Tuijl 指出，網絡平台和離岸化的全球供應鏈具有極大的相似性——同樣通過對產業鏈條的壟斷，向上游產品或服務提供者施以具凌駕性的操控。平台本身毋須提供任何物質產品，卻有效迫使提供者通過平台與使用者配對，令市場交易和定價按其規定來進行。平台表面上是中立的交易渠道，美其名是在推動「共享經濟」(sharing economy)，但實際上卻主導著產業鏈條，並有效將成本轉嫁到其他人身上。

因此，與其說網絡平台更善於創造價值，不如說它更懂得外判工序和轉嫁成本。由於減省了眾多中介環節，又毋須聘請大量員工、營運昂貴的工廠及零售設施，網絡平台不但節省大量成本，將資金轉到技術研發的工作上，同時亦跨過不少法律法規的限制。而最爲關鍵的是：不少工人仍需依賴平台維生(例如是下述 Uber 司機或 TaskRabbit 的零工)，但平台卻毋須再承擔勞工保障的責任。

以上討論較多集中在平台本身或平台上游(即提供者的層面)，平台下游

Uber-production: From Global Networks to Digital Platforms

網絡平台的操控	平台的上游（掠奪性累積）	平台的本身	平台下游的流通	平台下游的消費（掠奪性累積）
非物質資源的操控	傳統或共同的知識	僱員或夥伴的知識生產	市場營銷	「產消者」的義務勞動
物質資源的操控	傳統產業產品或服務	僱員或夥伴的硬件生產	運輸物流	關注度及購買力

表四：網絡平台的操控方式

圖表來源：《敵托邦》(2022)

（即使用者的層面）的操控自然亦同樣不能忽視。由於網絡平台能讓用戶自行上載內容，下游使用者同時亦是內容生產者，他們既使用或消費上游提供的產品和服務，但同時亦可搖身變成生產者。網絡平台遂造就了一種新的身分——產消家的出現。當然，絕大部分用戶「生產」的，主要是文字或影音等內容，而且通常不會獲得經濟補償。

上述討論主要集中在互聯網技術，以及其在產業結構中的地位，但仍未接觸到一個更根本的環節——資本市場所扮演的角色。假如「共享經濟」的概念把焦點放在技術創新，「平台經濟」（platform economy）的概念則更注重整體產業鏈的廣泛構成，惟只有「平台資本主義」（platform capitalism）的概念，涵蓋更宏觀的政治經濟基礎，方最能夠總覽當下科技革命的全貌。

過去數十年，全球經濟愈趨離岸化和金融化，令互聯網成爲跨國企業和全球供應鏈的重要後盾；但此等被稱爲「全球化」的發展趨勢，卻迅速迎來了巨大的經濟泡沫，先後在一九九七年亞洲金融風暴、二〇〇〇年科網狂潮和二〇〇八年金融海嘯中表露無遺。正如加拿大政治哲學家 Nick Srnicek 在《平台資本主義》（*Platform Capitalism*, 2016）中指出，二〇〇八年後的寬鬆貨幣政策和低息環境，令金融市場急於爲游資尋找出路，網絡平台帶來經濟全面改造升級的期許，遂成爲創投資金和創業版股市的新寵兒。

由 Facebook、Amazon、Apple、Microsoft 和 Google 構成的主要科網巨頭，合稱 FAAMG，總部皆位於加州矽谷一帶。毋庸多言，它們與美國政府的戰略利益高度吻合，極有利通過互聯網延續美國政經和文化的全球優勢，而有力拓展全球業務的龍頭企業，遂成爲不可或缺的戰略夥伴。在國內經濟方面，互聯網則極有利於延續新自由主義政策，特別是促進公共服務的外判和零散化，並且抑壓工人階級和瓦解工會勢力。

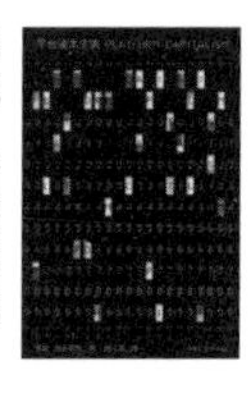
尼克．斯奈錫克：《平台資本主義》（手民出版，2022）

對投資者或主流經濟學家來說，創新科技主要作用是提升工人生產力——包括提升個別工人的產出成效，以及減低工資成本在生產投入中的比重；但科網巨頭佔據了市場壟斷地位，對整體社會經濟來說，代價卻是妨礙更廣泛的產業創新和升級。撇除已掌握新技術的一小撮專才，普遍工人面對邊緣化和就業零散化的壓力，技術和工資水平持續偏低，自然亦無助整體生產力的提升。科網巨頭的空前成功，代價卻要由其他企業和工人承受，此等趨勢已爲歐美經濟亮起了警號，資本市場最終仍要承受其所帶來的惡果。

知識壟斷資本主義的累積模式

早在逾半個世紀之前，管理學大師 Peter Drucker 已提出「知識型經濟」的理念，指出知識、科技和人力資本將成爲經濟競爭力的主要來源。隨著資訊及通訊科技的不斷發展，創科在生產、流通和消費各環節的比重亦大幅提升。然而值得注意的是，這絕非「自然而然」的市場進化過程，正如我在《後就業社會》(2018) 中曾經力證，它同時涉及國家機器在背後的大力推動，特別是在知識產權體制上的支持。

正如阿根廷經濟學者 Cecilia Rikap 等在 *The Digital Innovation Race: Conceptualizing the Emerging New World Order*（2021）一書中指出，自二〇〇八年金融海嘯後，全球貿易出現了根本的範式轉移——傳統全球供應鏈的發展開始放緩，並讓位於創新的資訊及智能服務，其中尤以人工智能和雲端服務的發展特別迅速。在過去短短十數年，中美科網巨頭成爲金融市場的新寵兒，至二〇一九年已佔據了全球十大市值公司的七個位置。

正如 Rikap 等指出，科網巨頭之間既是寡頭市場的競爭和涉及研發工作上的競爭，亦是同時反映中美兩國科技及創新策略的競賽，最終衍生出重要的大國博弈和地緣政治結果。自二〇一八年起的中美貿易戰以至新冷戰，其主要矛盾亦是體現在科技戰之上——兩國均充分意識到，這對未來經濟、貿易、政治以至軍事上的優勢，均是至關重要的一環。

然則，創科產業帶來的是一種怎樣的生產模式？對一般人又會造成甚麼重大影響？Rikap 的另一新作 *Capitalism, Power and Innovation:*

Cecilia Rikap & Bengt-Åke Lundvall, *The Digital Innovation Race: Conceptualizing the Emerging New World Order* (2021)

Cecilia Rikap, *Capitalism, Power and Innovation: Intellectual Monopoly Capitalism Uncovered* (2021)

Intellectual Monopoly Capitalism Uncovered（2021），可說是近年對她稱爲「知識壟斷資本主義」最清晰的表述。作者開宗明義地指出，這主要並非指向市場比重上的寡頭壟斷，而是科網巨頭將知識和數據轉化成企業的「非物質資產」（intangible assets），並藉此創造出巨大的「壟斷租值」（monopoly rent）。

箇中的關鍵步驟，遂在於如何將知識和數據「據爲己有」——這好比傳統產業中的某些商業祕笈或獨門祕方，只要成功研發出來，便能夠對市場施以全面操控，將所有競爭對手排除在外——但科網巨頭擁有的，並非單一祕笈或祕方，而是藉著前述融資市場上的優勢，大量投放資金在內部、外判或併購而來的研發工作上，源源不絕地開發出成千上萬的嶄新祕方！

當然不是所有企業均參與創科研發，但隨著資訊、智能科技和非物質經濟活動愈趨重要，或遲或早，所有企業將必感受到知識壟斷的威力和構成的競爭壓力。此等新生的「知識壟斷霸權」，正好和香港人熟悉的「地產霸權」如出一轍，它必定會廣泛覆蓋工商百業，並藉市場優勢向一切企業苛索壟斷租值——分別只在於：一方霸佔的是物質性的土地和空間，另一方則霸佔非物質性的知識和數據而已。

Rikap進一步指出，知識壟斷既是源自創科巨頭的研發投資，但同時亦涉及對傳統產業知識的掠奪——長期以來，工商百業均已累積大量的專門知識和商業祕笈，現時創科巨頭則通過凌駕性的市場地位，將原來業內共享的商業智慧和經驗，擄取並轉化成數據化和程式化的知識，並調頭賣回給工商百業——例如香港曾位處全球供應鏈的核心位置，強項正是對地區以至全球貿易訊息的掌握，現時則只能被動地追隨電子商務的新範式——不少傳統上佔有重要席位的工商股，亦難免要退下藍籌的火線。

科網巨頭不但壟斷傳統知識，還在壟斷人所共知的大數據。而創新研發的主要目的，則是將原來業界共享的非物質資產，轉化成私有化的大數據。尤其是當代人工智能的機器學習模式，正是通過搜集無數用戶的各種數據，從中尋找出其思維和決策的規律，以作爲運算推論的依據——說穿了，其實人工智能並不單獨存在，它只是擄取和轉化人腦智能的產物。

因此，正如 Eric A. Posner 和 E. Glen Weyl 在《激進市場：戰勝不平等、經濟停滯與政治動盪的全新市場設計》（*Radical Markets: Uprooting Capitalism and Democracy for a Just Society*, 2018）提倡的，正當人工智能取代受薪工作之際，資訊科技企業取用個人數據時，應向數據擁有者支付相應費用。如此當工作崗位數目縮減之餘，仍能提供一定的薪資回報，令科技發展的成果更公平分配。

由創科企業支付擄取數據費用的建議，恰巧亦和我近期探討「數據產權」的概念不謀而合。兩者皆將數據視作重要的「共同資產」（common property），並建議以此爲基礎去分配帶來的經濟效益。在資訊科技發展一日千里的今天，這些看似繁複的市場機制設計，從技術層面來說，難度皆並不高；如何實現的問題並不大，能否進行實驗才是最大問題。

強化學習：知識共同體的圈定

在平台資本主義的嶄新模式下，極端的知識壟斷迅速形成，造成了顯著

格倫・韋爾、艾瑞克・波斯納：《激進市場：戰勝不平等、經濟停滯與政治動盪的全新市場設計》（八旗文化，2020）

的市場不平衡，並帶來了嚴重的貧富兩極分化；當智能科技進一步主導產業發展，並直接淘汰大量就業職位之際，它又會構成一種怎樣的市場結構？

追本溯源，在二〇一五年 OpenAI 成立之初，打著的正是人類友善、技術安全和開放合作的口號；但事實上，OpenAI 從來沒有承諾公開程式源碼，管治架構亦欠缺對公眾問責性和透明度；尤有甚者，它開發超級人工智能採取的策略，意味只有微軟這類科網巨頭，才眞正有實力注資和參與這場燒錢的豪賭。

正如牛津大學 Nick Bostrom 教授質疑，既然 OpenAI 對超級人工智能心存戒懼，爲何仍宣稱應將之開放給所有人使用？「如果你擁有一顆能遺禍世界的按鈕，你不會想將它分享出去。」他認爲 OpenAI 的非牟利和開放合作模式，固然能對傳統網絡巨頭構成一定制衡，但卻難保它不會變成另一主宰市場的巨獸。

Bostrom 早在 *Superintelligence: Paths, Dangers, Strategies* (2014) 的經典著述中已指出，若超級人工智能以較快速度成功研發，則競爭對手迎頭

Inside OpenAI, Elon Musk's Wild Plan to Set Artificial Intelligence Free

Nick Bostrom, *Superintelligence: Paths, Dangers, Strategies* (2014)

趕上的機會將大減，單一機構壟斷的可能性則大增。國家介入或有助制衡個別私人機構的獨大，但同樣可能令問題變得更加複雜。尤其是人工智能研發已置身大國博弈的中心，知識壟斷優勢的政治濫用，亦將是另一大潛在隱憂。

毋庸多言，智能革命較諸歷來所有科技—產業革命的根本差別，在於它不但對舊產業構成威脅和破壞，而是對人作爲生物性的智慧和掌握命運的主體，構成直接的競爭和威脅。這已不但只是就業職位的取代，更是直接涉及我們接收資訊的權利、自主的思考過程，以至社會大小事務的決策能力。就正如前述的「公理號」模式，智能科技將不但對產業發展，還在所有人的廣泛生活層面，皆能施以具凌駕性的操控力量。(詳見第五章)

當然，同樣毋庸置疑的是，現存主流的人工智能和機器學習模式，其實本身並不具備任何眞正「智力」成分。它彷彿就如圖靈在大半個世紀前所設想的：與其致力編寫出如成人般的人工智能，爲何不嘗試模擬小孩般的智力？如此我們便可循序漸進地提供「教育」，培養機器逐步發展出如成人般的腦袋。事實上，當代尖端人工智能皆採用強化學習模式——通過持續的嘗試和犯錯，接收外部正負面的反饋，不斷改進其預測和解決問題的能力。

換句話說，如 OpenAI 研發 ChatGPT 所主要靠賴的，便是大量既有的網上資訊和知識、與無數用家（包括專業和一般用家）互動交流的數據，甚至是與人工智能專家開放合作的共同成果。凡此種種，皆無不為 ChatGPT 提供了寶貴的學習環境，持續改進它的對話和答問能力。ChatGPT 本身並不具備「智力」，它只是集思廣益地挪用了大家的集體智慧——並通過 OpenAI 設定的原則加以運用。

回到前述科網巨頭的例子，正如 Cecilia Rikap 在有關 Amazon 的個案研究中便指出，該網站掌握了極龐大的用戶瀏覽和購物數據，彷彿就是一種「超強版」的市場調查。但 Amazon 的力量卻遠不止此，因為它同時能取得大量供應商的資料，甚至直接左右它們的銷售和定價策略。相比傳統企業的物質性壟斷，這種數據和知識壟斷更呈絕對性，令其他競爭對手根本無力招架。網絡平台藉著壟斷帶來的巨額暴利潛力，實在並非源於創新科技的技術優勢，而是來自不公平的競爭關係，Rikap 稱為「智能租值」（intellectual rent）。

正如英國社會學家 Emrah Karakilic 指出，無論是傳統產業和操作流程的認知，又或是研發團隊的合作成果，皆可被稱爲社羣共享的「知識共同體」(knowledge commons)，長期以來皆由產業或科研社羣所共同擁有；但網絡平台的知識壟斷優勢，加上專利制度的法律保障，遂令共享知識被「圈定」(enclosed) 爲私人財產。原來擁有知識的社羣則盡被「無產階級化」，繼後只能依附在網絡平台維生。

按照同樣邏輯，坐擁更顯著知識壟斷優勢的超級人工智能，難免亦會建立更具壓倒性的市場力量，賺取更爲可觀和極端的智能租值。至於 OpenAI 初始宣稱的開放合作是否仍能兌現？相信大家很快便會得到更確切的答案。

Rethinking Intellectual Property Rights in the Cognitive and Digital Age of Capitalism: An Autonomist Marxist Reading

工業革命以來的四次「圈地運動」

累積資本，可用「合法」的自由市場交易，也可用「非法」手段、偷拐搶騙。批判地理學家 David Harvey 在《資本社會的 17 個矛盾》（*Seventeen Contradictions and the End of Capitalism*, 2014）卻告訴我們：市場運作的「普遍」規律，都只是編造出來的神話！當代資本主義中的不道德勾當，卻總是在國家力量的背書之下，以「合法」和「正常」的面目示人！

上述是我在《流動、掠奪與抗爭：大衛・哈維對資本主義的地理批判》（2015）中，所採用的點題故事。事實上，「掠奪性累積」或「原始累積」，正是過去二十年 Harvey 最常採用的概念，指出掠奪並非海盜、冒險家和早期殖民者的專利，而是資本主義「行之有效」的一貫規律。多年來相關研究如雨後春筍，用於理解當下智能革命的本質，就更合適不過。

從宏觀歷史的角度，掠奪性累積可分為四個主要發展台階。首先，在二、三百年前的工業革命前夕，英國的「圈地運動」（enclosure movement）達到了頂峯，農民被驅逐出土地，只能流徙到城市去當工人，此乃馬克思稱作「原始累積」的階段。諷刺的是，正當農民失去土地之際，所謂「私有產權」的法律體制宣告確立。

其次，第一及二次工業革命期間，在工廠大規模生產的壓力下，傳統作坊與工匠面臨淘汰。傳統技藝被機械化和自動化的工序擄取，去技術化的工人再無法掌握勞動過程。正如《敵托邦》一書詳述，這亦是專利制度趨向成熟的時期。

其三，自半世紀前的第三次工業革命，資訊、通訊科技與全球客貨運急速發展，成就了所謂「全球化」的新趨勢。但不要以為這將令生產力大大提升，它更大程度上只是通過金融化、私有化和壟斷化，將傳統資產「圈定」的過程，因此才會被 Harvey 稱為「掠奪性累積」。在這時期，亦正是 WTO 國際市場框架趨向奠基之際。

其四，來到當下的第四次工業革命，此乃把人類共享知識、資訊和數據，通過數碼化、虛擬化和智能化圈定的過程。同樣諷刺的是，當知識愈來愈不再屬於人的資產，知識產權制度反而進據主導位置。

正如美國科技研究員 Kate Crawford 在《人工智慧最後的祕密》（*Atlas of AI*, 2021）指出，當我們在談論人工智能時，彷彿它已是超然於人類的自主存在，是擁有獨立意志的行動主體，並且被描繪成充滿神祕感的魔法力量。不問可知，這些描述抽空了人工智能的發展脈絡，刻意淡化了其背後的政經角力，更遑論在資本主義社會中的特定角色。Crawford 在書中重繪人工智能的「地圖」，正是要揭開它抽象和神祕的面紗，破除科網巨頭所構建的迷信，還原它現實操作中的本來面目，特別是不同持分者之間的權力關係。只有這樣，我們才更能認清問題的根源，尋找對症下藥的方法。

運算程式是波士，僱員變鬼魂！

延續了逾三年的新冠肺炎疫情，爲人們理解人類未來的經濟模式，提供了一個具體範例；又或應該說，疫情已催化了新經濟模式的提早來臨。事實上，家居辦公室和網絡消費的概念由來已久，但人們在疫情衝擊下才眞正坐言起行——畢竟對著電腦屏幕已能解決工作和購物的需要，爲何每天仍花大量時間在通勤的路途上？

疫情還進一步催化「大辭職潮」(the Great Resignation)——人們開始重新思考人生，反思是否想要或需要繼續上班，讓工作佔據生活的大部分時間——年輕人會想不如及時行樂，中年人想騰出更多時間陪伴家人，遭解僱的年長勞工則決定不如提早退休，諸如此類。但正如二〇〇八年諾貝爾經濟學獎得主 Paul Krugman 指出，確實有很多人辭去工作，但他們只是轉換跑道，例如自願或被迫成爲自僱者。因此與其說這是「大辭職潮」，不如說是「大轉職潮」。

誠如未來學家 Martin Ford 在 *Rule of the Robots: How Artificial Intelligence Will Transform Everything*（2021）中指出，設想你從一九六五年出發，當年成年男性的就業率仍高達百分之九十七；然後你坐時光機來到二〇一九年，驚覺同一年齡層的就業率只有百分之八十九；若再進一步前往二〇五〇年，就業率跌到百分之七十五甚至是七成之下，實在並非無法想像的事情。Ford 沒有計算在內的，還有嬰兒潮世代正步入退休年齡，意味著在未來二、三十年，歐美等地的成年人口將大幅縮減。

Ford 在該書和前作 *Rise of the Robots: Technology and the Threat of a Jobless Future*（2015）中，還列舉了大量不同行業的案例，分析人工智能和機械人對就業市場的衝擊——還是留待有興趣的讀者自己閱讀好了。Ford 提出的忠告，無非就是應該避免工序重複、可預測、欠缺創意和人際互動……或是一切可被歸類成「沉悶刻板」的工種，因爲它們將較易被新科技所取代。（我常說：當心醫生正是其中之一！）

但在迫近超級人工智能的 ChatGPT 這類程式的衝擊下，Ford 亦坦承根

Martin Ford, *Rule of the Robots: How Artificial Intelligence Will Transform Everything* (2021)

Martin Ford, *Rise of the Robots: Technology and the Threat of a Jobless Future* (2015)

本沒有甚麼良方妙藥——反正找你自己喜歡的工作就好了！

所謂有危亦有機，智能產業鏈當然會帶來新的工種和機遇，「人機合作」亦可為工作間帶來眾多正面好處。環顧那些更像是人力資源顧問口吻的著作，如 Daniel Newman 和 Olivier Blanchard 的 *Human/Machine: The Future of Our Partnership with Machines*（2019），未來必定仍充滿各種希望和可能性，確亦值得進行生涯規劃中的你讀一讀。但總體來說，西班牙法律學者 Antonio Aloisi 和 Valerio De Stefano 的 *Your Boss Is an Algorithm: Artificial Intelligence, Platform Work and Labour*（2022）一書，「你的波士是個運算程式」，單看書名，已一語道破更多人將要面對的殘酷真相。

不錯，樂觀主義者相信人和機器可以平等互惠、衷誠合作——至少對部分職業和工種而言，或許確是如此。但隨著人工智能的急速發展，人機之間——不，更準確來說是勞資之間——的權力平衡，正迅速被打破。公私營機構正急遽從以人為中心，蛻變成以智能科技為中心的組織模式。以往是科

Daniel Newman & Olivier Blanchard, *Human/Machine: The Future of Our Partnership with Machines* (2019)

Antonio Aloisi & Valerio De Stefano, *Your Boss Is an Algorithm: Artificial Intelligence, Platform Work and Labour* (2022)

技輔助人的工作，現在則變成人輔助機器的工作。

正如 Aloisi 和 De Stefano 指出，隨著智能裝置的普及和職場上的廣泛應用，公私營機構無時無刻不對僱員施以嚴密監測，對其工作進行細緻入微的規訓和操控，並搜集全方位的數據以評核甚至預測其表現。當運算程式愈益主導工序和決策過程，相關的知識和技術不再由人掌握，僱員亦將進一步被邊緣化和去技術化。最終智能科技逐漸主導企業及人事管理，彷彿工作組織及流程皆自動化地進行，但上級下屬之間的權力互動其實並未消失，只是被完美地掩藏了起來。

二〇一七年，美國威斯康星州的 Three Square Market 軟件設計公司，決定將「射頻識別」（RFID）晶片植入員工的手指皮膚下，直接搜集員工行爲的數據，以配合辦公室的管理工作，成爲美國首家採用此種工具的公司。較諸穿戴式裝置，這項技術又再令監控體系跨前一大步。可以肯定，未來還將有很多植入技術等待陸續上場。終有一日，人在仍未出生之前將已被植入某類晶片——再次套用 Yuval Noah Harari 的話，你的身體和意識變得「可被黑客入侵」。

微軟研究員 Mary L. Gray 和 Siddharth Suri 在 *Ghost Work: How to Stop Silicon Valley from Building a New Global Underclass*（2019）則指出，即使運算程式愈益主導各種工作流程，卻絕不意味著全面自動化就能實現。大量輔助或補漏的工作仍需由人來負責，只是他們的角色已被矮化爲「應召員工」（on-demand workers）——在機器處理不了的時候才被呼召出動。他們在智能產業鏈中如同隱形，因此其職務亦可稱作「鬼魂工作」。

問題卻在於：智能革命下還存在多少「鬼魂工作」？是否就能提供足夠而體面的就業機會？「碰巧」全球面對人口老化，「恰巧」延綿疫情亦正淘汰過剩人口，或許正好帶來新的供求平衡，亦未可料！？（另見第六章）

Mary L. Gray & Siddharth Suri, *Ghost Work: How to Stop Silicon Valley from Building a New Global Underclass* (2019)

全零工時代：智能產業的巨頭與長尾

儘管你可能未聽過「應召員工」或「鬼魂工作」等名詞，但你肯定曾經聽過「零工經濟」（gig economy）。不錯，自十多年前網絡平台開始進據各類產業鏈，就業市場早已出現翻天覆地的變化：問題是在當下的智能革命中，零工經濟又會醞釀出甚麼新狀況？

Uber、Deliveroo、TaskRabbit 等網絡平台，正是促進零工經濟發展一日千里的表表者。在它們的迅速普及下，衍生了極大量的司機、速遞員和家務助理等，零散化、不穩定和欠保障的就業機會，同時帶來了各種臨時工、自由業者、「斜槓族」（slasher）等新概念。不少平台美其名是在推動「共享經濟」，能讓供應和需求方彈性自主配對；但實際上卻令從業者在職場邊緣化，成爲飽受壓榨和剝削的一羣。

在 Jamie Woodcock 和 Mark Graham 的 *The Gig Economy: A Critical Introduction*（2020）中，零工可劃分爲兩大類別：其一是位處特定地方的工作，例如司機和速遞員等，在早於網絡平台前的時代已很普遍，只是現時工作流程已起了很大變化。其二則是較新的「雲端工作」（cloudwork），從業者能通過網絡互聯隨時隨地工作，並不受到所處地域的限制，主要是涉及資訊或知識的處理，例如程式編寫和網媒內容製作等——

Jamie Woodcock & Mark Graham , *The Gig Economy: A Critical Introduction* (2020)

ChatGPT 的強化學習訓練員，自然亦是一例。因此從業者亦擁有一個時髦的名字——「數碼游牧族」（digital nomads）。

儘管這些零工職位沒有前景和欠缺保障，但對不少人，特別是年輕一代而言，卻同時代表他們可以自僱者的身分自居，毋須再被困於正規聘用、刻板工作間和承受巨大的工作壓力，並且可以靈活彈性地安排作息時間，尋找掙錢以外的其他志趣和方向——廣義來說，亦隱含著從傳統資本主義勞資關係釋放出來、重奪勞動自主權的意味。

追本溯源，關於零工經濟的理論表述，還可上溯至《WIRED》雜誌總編輯 Chris Anderson 的《長尾理論：打破 80/20 法則，獲利無限延伸》（*The Long Tail: Why the Future of Business Is Selling Less of More*, 2006）一書。Anderson 原來探討的是在網絡平台下，不同企業或產品所佔的市場份額——巨頭大戶仍穩佔極大的市場比重，但另類小戶卻可在尾隨的多元分眾市場中，各展所長、分一杯羹。我相信同樣的分析，亦適用於智能革命下的產業和就業機遇。

克里斯．安德森：《長尾理論：打破 80/20 法則，獲利無限延伸（最新增訂版）》（天下文化，2009）

也就是說，掌握智能科技的創科巨頭，即使毋須直接聘用太多技術專才，但卻佔有壓倒性的競爭優勢；拾級而下將是不同等級的其他企業——佔據較前位置的，將是直接夥拍、並受惠於巨頭大戶的產業及企業；等而下之，則是難以追上形勢的其他產業或企業，它們的生產力和競爭力將漸次削弱，業務潛力和盈利空間亦不斷下降——但無論如何，在巨頭所遺下的分眾市場中，人們仍有可能繼續捕捉如長長尾巴上的經濟機遇，並衍生出這樣那樣的就業機會——直至在未來世界裏，一切機會都被超級人工智能吞噬殆盡。

這條產業和就業機遇的長尾，到底有多大的延續潛力？仍能支撐多長的時間？歸根究柢，這其實並不決定於智能科技發展的速度，而在於人的自覺性和能動性，以及體制的開放性和包容性——畢竟在智能革命鋪天蓋地的圍堵下，OpenAI 和其他科網巨頭影響力無限延伸，人們很容易便會全面降伏於其巨大威力；但科技創新同時亦帶來了各種新的可能，那怕只是局限於小社羣的微型實驗，全視乎人有否決心去爭取和掌握。

如前所述，這些機遇有部分是地方性的，企業或自僱者可因地制宜，提供配合地方特色和需要的產品和服務。儘管在智能化和自動化的大趨勢下，將會有愈來愈多工種被機器代替，例如司機和速遞員，將難免被無人車或無人機所取代；但地方社羣中總有五花八門的市場空隙，涉及個人化的需求和緊密的人際互動，包含個性、情感和象徵性資源的投入，未必是標準化和常規化的服務就能滿足。地方爲本的企業或自僱者，遂能捕捉此等大可統稱爲「部落經濟」的長尾。

同樣地，另外一些機遇則是跨地域、甚至是全球性的。企業或自僱者不涉任何物質生產，甚至毋須耗用任何物質資源，例如在家居辦公已能應付職務的需要。從業者將可更靈活和彈性地，只要在能夠上網的地方——例如是生活休閒的泰國清邁、馬來西亞檳城又或風光如畫的印尼峇里、加勒比海島等——就能販賣自己的技能和服務，捕捉大可統稱爲「游牧經濟」的長尾。

顯而易見，游牧經濟和部落經濟絕非截然二分，它們彷彿正是兩條緊密互纏的長尾。若進一步加以結合討論，則前者的主要角色在於提供普遍性的框架，後者則提供「落地」的具體應用；前者主要屬於非物質性的經濟活動，後者則更多兼容物質和非物質性的過程；前者涉及純粹的數據、資訊、知識處理和腦力勞動，後者則更多結合腦力和體力勞動。

在智能革命的衝擊下，到底哪一條長尾會更具抗禦力，能長期維持更多的人本經濟活動？儘管腦力勞動似是總體發展的大趨勢，但 ChatGPT 或其他超級人工智能來勢洶洶，實很難想像有哪些人腦功能不會被模仿、不能被取代；反而機械人要全面取代我們的身體，尤其是五官感應、動作和反應的細緻度，那倒未必在一時三刻就能達成。因此地方上涉及體力勞動的職務，潛在的可塑性和延續性就更加不容忽視。不過，我們同時亦要明白唇亡齒寒的道理，兩條長尾若果配合得宜，則很可能取得遠比獨善其身更佳的效果。

Chris Anderson 其後在《自造者時代：啓動人人製造的第三次工業革命》(*Makers: The New Industrial Revolution*, 2012) 中，可說把游牧經濟和部落經濟的操作可能，更清晰具體地呈現出來。Anderson 指出，隨著開放源碼軟硬件的普及，和網絡上知識技術社羣的建立，任何人皆可以更輕易掌握新的工藝，例如通過 3D 打印技術，在地方上開拓這樣那樣的生產和服務，

克里斯．安德森：《自造者時代：啟動人人製造的第三次工業革命》(天下文化，2013)

並滿足特定時空的具體需求。反過來說，成功的在地設計和產品，亦可通過網絡社羣向全球廣泛傳播。

跨地域與地方上的經濟活動結合，成就了如未來學家 Michel Bauwens 等倡議的「全球在地主義」（Cosmo-localism）運動，強調藉網絡結連全球及在地社羣，結合前述的游牧經濟和部落經濟，建構開放互惠經濟體系的可能性。當中包括「全球設計，在地生產」（Design global, manufacturing local）、「共同體爲本 P2P 生產」（Commons based P2P production）等經濟組織及協作模式，詳見下文討論。

全民基本收入：邁向全面消費主義？

在《敵托邦》一書中，我曾引述 Martin Ford 的 *Rise of the Robots: Technology and the Threat of a Jobless Future*，當中提到一個關於外星人的故事：設想地球來了一大羣外星人，他們不但沒有襲擊人類，還很妥貼順服地爲人類工作，每日每夜不眠不休、不計回報地勞動。外星人自然深受地球的僱主喜愛，不斷被大量聘用，而人類則不斷被棄用。結果地球上所有的職位都沒有了，外星人還是征服了人類。

不問可知，故事中的所謂外星人，其實只是人類自己發明的機械人而已。問題來了：屆時地球人都失業了，都沒有收入，誰又有錢來購買機械人的產品和服務呢？僱主雖然大幅減省了生產成本，但到頭來卻失去了消費者和利潤來源，豈不就是在自掘墳墓嗎？早於七十年前，汽車大王亨利・福特二世已曾就工廠自動化的趨勢，問過同樣的一條問題：工廠減少聘用工人和提升生產效率，與維持勞工的購買力和消費水平，兩者似乎是自相矛盾、難以兼容並存的目標。

時至今日，科網巨頭如 Mark Zuckerberg 和 Elon Musk，已加入左翼工運人士和右翼經濟學家的共同陣營，支持「全民基本收入」(universal basic income 或 unconditional basic income, UBI)，以應對科技造成的失業問題。這個獲得廣泛支持的解決方案，儼然已成爲衆望所歸的萬應靈丹。

簡而言之，UBI 是指由政府無條件向全民長期固定發放現金補償。對於左翼的支持者而言，此舉不但可避免申領資格審查造成的標籤，還可提高勞工階層在職場的議價能力，同時亦不會降低人們繼續上班和提高收入的誘因。而原來一些無償工作，如家庭照顧和社區服務，亦將可望得到體面的補償。

相反對於右翼的支持者而言，UBI 則意味福利國家和官僚架構將被繞過，高昂的公共行政成本可望節省，連帶大量傳統福利及服務均可被取代，由公民直接拿著現金在市場上各取所需。這和傳統上不少主流經濟學家倡議過的「空投鈔票」（helicopter money），在香港則親暱稱之爲「派糖」，出發點可說一脈相承。

不少人工智能相關著述皆提及 UBI 的可行性。Nick Srnicek 和 Alex Williams 在 *Inventing the Future: Postcapitalism and a World Without Work*（2015）指出，勞工階層可藉此脫離受薪工作的束縛，重拾生活選擇的自主性，令人在「後就業時代」找到身分和尊嚴。Jamie Bartlett 在 *The People Vs Tech: How the Internet Is Killing Democracy (and How We Save It)*（2018）則指出，UBI 並沒有取代工作，因爲人們仍可選

Nick Srnicek & Alex Williams, *Inventing the Future: Postcapitalism and a World Without Work* (2015)

Jamie Bartlett, *The People Vs Tech: How the Internet Is Killing Democracy (and How We Save It)* (2018)

擇上班或不上班；但他認爲 UBI 沒有財富再分配的作用，亦無法改變財富進一步高度集中的現實。

網媒創辦人 Aaron Bastani 在 *Fully Automated Luxury Communism* (2019) 中則認爲，UBI 固然具備強大的充權潛力，但亦很可能意味社會服務的全面市場化。因此「全民基本服務」的方案——全民無條件享有房屋、教育和醫療等服務，實較現金補償具有更明確的政策目標和效果。它聚焦於人們基本權利的保障和需要的滿足，而非金錢作爲高度不確定的交易媒介。

個人認爲，UBI 的最大問題在於：它仍然停留在財富再分配或「二次分配」的層次，並無觸及生產資源分配或「一次分配」不均的問題。它只著眼於個人作爲消費者的需要，並無確保人們能通過生產資源的擁有，重拾勞動的價值和尊嚴。它和傳統福利國家的立足點並無根本分別，福利主義過往帶來的負面影響，大多亦同樣無法避免。

一九七一年，John Rawls 出版《正義論》（*A Theory of Justice*），提出「公平卽正義」，曾奠定福利國家和社會民主主義的基石。但到了三十年後的

Aaron Bastani, *Fully Automated Luxury Communism* (2019)

二〇〇一年，他臨終前出版的 *Justice as Fairness: A Restatement*，提出「資產擁有民主制」（property owning democracy），對福利國家採取明確否定態度，這本著作甚少被拿來作認眞討論，在香港更乏人問津。

Rawls 構想中的資產擁有民主制，強調生產資本應該更廣泛分布。社會經濟環境若能提供集體參與機會，讓人能善用潛能創造美好生活，將構成「自尊的社會基礎」。只有通過適當的生產組織模式，才能確保公民對自主性擁有「活生生的觀感」（"lively sense" of their own agency），並減少由於權力及地位不平等造成的傷害。

正如社會運動家 Jon Alexander 和 Ariane Conrad 在新作 *Citizens: Why the Key to Fixing Everything Is All of Us*（2022）中，羅列了大量第一手的案例，旨在說明積極參與的公民，較諸被動使用服務的消費者，如何能爲社會注入充沛的能量和創造力，形成解決社會經濟問題的巨大集體力量。這種身分和角色在民主社會其實一直存在，只是愈益被體制和專業的論述所掩蓋，公民早已失去了對自發自主的想像力。在我看來，即使 UBI 在各

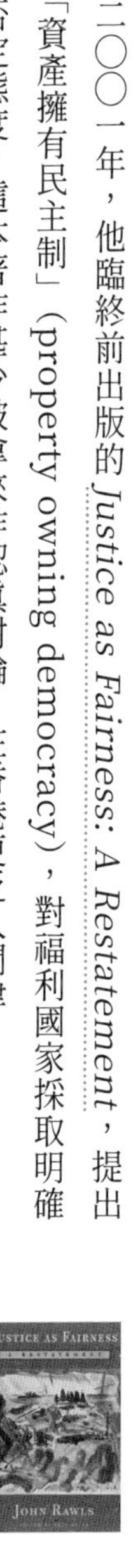

John Rawls, *Justice as Fairness: A Restatement* (2001)

Jon Alexander & Ariane Conrad, *Citizens: Why the Key to Fixing Everything Is All of Us* (2022)

地勢在必行，實在仍須先釐清未來公民參與的位置。（詳見下文和第四章）

另參見進步社會工作網絡「疫情下，全民基本收入是出路？」研討會（2020）。

共生 vs. 夾縫的未來可能

無論 UBI 的具體可行性和可欲性有多高，至少也提供了一個尚佳例子，說明若能通過國家適當的介入，則智能革命對社會帶來的廣泛衝擊，以至不同階層和羣體之間的嚴重矛盾，仍有可能得到適當的調節和緩解。特別是在自由民主的國度，公民仍可通過選票平衡資本家的力量，避免智能科技成爲資本主義的掘墓人。

然而，這種可被稱爲「大政府」或「國家主義」的想像，眞能化解社會經濟矛盾和資源分配的問題嗎？落在怎樣的政治和政策體制下，它才能眞正發揮相應的作用？除了有賴國家集權化、自上而下的干預，我們又能否設想更多公民社會非集權化、自下而上建構的未來可能性？

「進步社會工作網絡 2020」疫情下，全民基本收入是出路？

進步社會工作網絡：全民基本收入研討會直播影片

對此已故美國社會學者 Erik Olin Wright，在其甚具影響力的《眞實烏托邦》（*Envisioning Real Utopias*, 2010）中提出的洞見，實極有助我們認清當前的困局。他指自一九八九年共產陣營瓦解之後，人們對激進的國家主義全面調控，早已不抱任何希望；但現存漸進的議會政治和社會民主，卻又只能粉飾太平、聊勝於無，兩者皆不足以促進眞正的社會和經濟公平。因此他提出第三種稱之爲「夾縫式變革」（interstitial transformation）的策略，強調公民社會社羣的自立自治，促使人們重奪日常生活的自主權。（另見第五章）

Wright 承認，這和一百多年前風行的「無政府主義」（anarchism），存在著千絲萬縷的關係；但夾縫式變革並非倡議全面取代市場和政府，而是擴大公民社會和公眾自主合作的空間，讓其能逐步與市場和政府分庭抗禮。人們只要在日常生活中不斷學習和實踐民主（包括分享科技和經濟成果），眞正全面的自由民主才有孕育滋長的可能。前述 Michel Bauwens 等倡議的全球在地主義運動，又或 Trebor Scholz 等提倡的「平台合作運動」（Platform

Erik Olin Wright：《真實烏托邦》（羣學，2015）

Platform Cooperativism: Challenging the Corporate Sharing Economy

Cooperativism, 2016），皆可說是夾縫式變革的重要方案。

正如我早在《共享城市：從社會企業、公平貿易、良心消費到共享經濟（上）》（2014）已曾引述，Bauwens 指斥資本主義的累積邏輯，已帶來極大的社會和資源損耗，同時難以滿足人的基本生活需要，最終難免會被新的市場模式取代。但這很可能是一個漫長漸進的過程，就正如過去資本主義在封建主義的灰燼中萌芽一樣。

其後我在《開放合作！》中進一步指出，隨著共享技術和市場透明度提高，生產者和消費者的配對和交易成本大減，消費者在生產過程的參與度提升，將有助擴大消費自主權和選擇權。一旦消費者或產消家形成具規模的集體力量，創新和共創的價值將脫離盈利爲本的「循環線列車」，轉軌到互惠爲本的共享社羣中。

事實上，這些自發自主的民間集體想像，早於工業革命初期的 Robert Owen，已在蘇格蘭和美國打造出成功的自治實驗社區，並成爲其後合作社和工會運動等的雛形。但這些早期零星落索的分散實驗，往往卻難以持續和

鄒崇銘、黃英琦、阮耀啟主編：《共享城市：從社會企業、公平貿易、良心消費到共享經濟（上）》（印象文字，2014）

擴大影響力，到了 Owen 死後便無以爲繼。這類計劃因而被馬克思稱爲「空想社會主義」（utopian socialism），因其並無眞正觸碰到國家權力體制，以至整體社會結構的變革。

正如 Wright 指出，夾縫式策略的最大作用，並非全面化解社會經濟矛盾；更大程度上，它是在演練和展示各種解決方案，讓人們能看到現實困局以外的其他可能，並爲政治和政策體制層面的變革提供準備。換句話說，這些位於體制外千差萬別的嘗試，最終仍必須結合體制內的改革——他稱之爲「共生式變革」（symbolic transformation），兩者互相配合、互爲表裏，方能達致眞正有效的整體改變。

正如以下探討的各種方案可見，雖然有部分可通過社羣或業界內部的改革達至；但亦有不少如稅務建議，必須通過政治和政策改革進行。解決問題之道並非不存在，只是一旦涉及國家權力體制，那又將是一個迴然不同的議題。（詳見第四章）

It is a matter of ownership, stupid!

・人類最終被機械人取代？

經濟學家 Richard Freeman 在 “Who Owns the Robots Rules the World” (2015) 中，提出了一個簡單不過的觀點：工人的利益是否會被機械人蠶食，全視乎機械人的擁有權誰屬！假如科網巨頭以現存企業模式營運，自然對工人的處境大大不利；但假如工人能分享擁有權和相應的經濟成果，則智能科技造成的問題便能得到緩解。

Who Owns the Robots Rules the World

相對於極端悲觀的論調，即人工智能和機械人將令人類文明終結；也有另一派極端樂觀的論調，即人類會獲得徹底的解放和自由。不少此等論調被稱為「自主主義」(autonomism) 或「加速主義」(accelerationism)，指出工人可藉科技革命取得勞動上的「自主」，新技術將促進社會經濟的「加速」變革，令資本主義剝削再無立足之地。

正如 Aaron Bastani 在前述的書（見本書頁 122）中提出，儘管新技術對人類構成重大挑戰，但它亦有力奠定社會未來的基礎，讓人擺脫物質匱乏和受薪聘用的枷鎖。然而這將有賴相匹配的政治願景，令所有人都能共同分享它所帶來的好處。Bastani 借助馬克思在《政治經濟學批判大綱》（1858）的啓發，稱這個願景爲「全自動化享受的共產世界」。

前述 Emrah Karakilic 的文章（見本書頁 106）則指出，當代人工智能和機器學習，乃是建基於對知識共同體的圈定和私有化。因此解決問題的關鍵，是知識社羣如何重奪共同體的主權，令人工智能促進、而非壓抑勞動的自主性。

無論是悲觀或樂觀的論者，皆傾向相信創新科技具凌駕性的力量，甚至足以扭轉人類歷史的軌迹；但顯而易見，社會政治制度的因素同樣不容忽視。機械人將會取代人類，抑或爲人類開啓美好的未來，歷史的可能性仍然開放，端視乎人類未來的集體抉擇。

・數據更像石油抑或太陽？

數據對智能革命的重要性不言而喻，不少人遂把它與石油相提並論。正如《經濟學人》雜誌（20-2-2020）指出，和石油一樣，數據需要經過開採和提煉的過程。它必須得到適當的運算程式配合，才能發揮它的應用價值。事實上，不少「有用」的數據正被廣泛買賣。

但持相反論調的人則指出，數據其實更加類似太陽。儘管數據的經濟價值不容否定，但由誰擁有卻不容易界定，而且定價亦存在很大困難。若要促進智能革命的發展，數據便應像太陽一樣，盡量免費開放予更多人共同使用。

英國 Open Data Institute 的 Jeni Tennison 則指出，數據有時像收費的私家路，有時像免費開放的高速公路，但很多時候更應被視爲社羣共享的數據共同體。這不但涉及誰能更有效使用數據，亦涉及數據使用者和提供者之間的協作關係。例如提供者應確保數據的眞確性，使用者則應確保提供者的權利獲得保障等。

The Data Economy, *The Economist* Special Reports (20th Feb 2020)

腦力勞動的傳統就業 ＼ 體力勞動的傳統就業	+	+/-
+	國家介入財富再分配的資本主義模式	部落經濟 在地製造
-	游牧經濟 全球設計	知識和數據共同產權的財富分配模式

表五：智能革命下的分配／再分配模式

二〇一一年，Tim Berners-Lee 參與創立的 Open Data Institute，和不少推動開放數據的機構一樣，正致力打造一個公平和合理的數據共享環境，令各方持分者皆能共享數據所帶來的機遇和益處。其中一項主要的工作，是將不同類型的數據分門別類，從而決定它們開放分享的程度，並建立適切的技術規格和管理模式。

國際經濟合作組織及歐盟執行委員會，曾分別在二〇一五及二〇一七年發表研究報告，指出如何在數據提供者的產權保障，以及開放數據以供創新應用上尋求平衡，對未來網絡及平台經濟的發展至關重要。後者指出即使是現存的專利保障制度，亦只是相對而非絕對的。這全視乎法律及規管框架，能否真正配合市場均衡發展的需要。

在本書已屆截稿之際，得悉中國大陸繼推出「數據二十條」，構建數據產權、流通交易、收益分配、安全治理等制度，明確數字經濟市場的權利與義務後，又再推出《數字中國建設整體布局規劃》，以強化數字技術創新體系和數字安全屏障能力，及優化數字化發展國內外環境。

儘管大陸在制度法規創新上，有多大程度能知行合一、理論與實踐相匹配，實在不無疑問；若要落實到普遍公民的權利和福利保障上，就更難以予人太多信心。但起碼在數據產權和收益分配等領域上，願意跨出具前瞻性的政策步伐，仍足見主責者的長遠視野。展望未來，大陸與發達國家的相關政策取向，仍將具有不容忽視的重要影響力。

在仍能維持民主制衡的國家，公權力勢必大力介入監管人工智能，但亦陷入國家力量進一步延伸的兩難；近年威權國度的經驗則已充分說明，「後真相」原是當權者的最佳拍檔，兩者配合堪稱天衣無縫。

第四章　政治體制的崩潰與重建

社會自我保護的初衷和後果

我在以往的眾多個人著作、以至在大部分任教的課堂中，均曾多番詳盡引述波蘭尼（Karl Polanyi）的《鉅變：當代政治、經濟的起源》（*The Great Transformation*, 1944）。這本已是近八十年前的經典著作，對於幫助我們了解當下的智能革命和知識壟斷資本主義，仍能帶來極其深刻的洞見。只此一家，別無分店，實在值得認眞加以考察。

概括地說，位於波蘭尼學說的中心，乃是一個「雙向運動」（double movement）的理論。首先，是指過去二百多年，推動「自我調節市場」（self regulated market）發展的運動。正如我曾無數次引述他的著名金句：「放任自由經濟是計劃出來的」（*laissez faire* was planned），波蘭尼一語道破：自由市場實非如主流經濟學家所言自然形成，它乃是刻意設計出來的結果。

卡爾．博蘭尼：《鉅變：當代政治、經濟的起源》（春山出版，2020）

換上另一個角度，也就意味現代所謂的自由市場，與傳統社會的自然經濟截然不同，乃是強加在人類社會之上的體制。由此一些原來已經存在的經濟因素，如人、土地和資源等，原來皆並非生產作市場交易之用的，Polanyi稱之爲「虛擬商品」(fictitious commodities)——一旦強行將其挪用作商品的話，將會帶來始料不及的遺害。這跟前述的數據和知識的圈定並商品化，在原理上如出一轍。

其次，則是所謂「反向運動」(counter movement)，乃基於自由市場推動商品化，所造成的人、土地和資源等廣泛破壞，因而自發形成「社會自我保護」(society self-protection) 的效應。上述兩種運動互相抗衡的往復循環，遂構成了過去兩個多世紀的歷史主軸——放任市場帶來的種種惡果，盡皆在二十世紀初兩次大戰中悉數展現，亦構成了波蘭尼成書的背景。

這裏必須進一步詳加辨識的是：「反向運動」和「社會自我保護」等字眼，往往讓人聯想到現實公民社會中的各類社會運動，特別是勞工、社區和環保運動等；但波蘭尼的眞正著眼點，顯然遠較人們想像的更普遍和宏大。他所指向的，乃是一切有力抗衡市場和商品化的力量，社會運動只是其中的表徵之一。

波蘭尼尤其含糊其詞、以至最容易被誤解之處，在於他對國家介入市場的看法。對他來說，二十世紀初法西斯主義和共產主義的興起，其實皆是反向運動的重要結果——它們正是扮演著抗衡市場和商品化的角色；但換來的結果，卻很可能是國家的全面進據和操控，以及對社會構成更巨大的破壞——這並非社會自我保護的初衷，卻很可能是意料之外的結果。

爲何要如此詳述波蘭尼近百年前久遠的歷史分析？理由已經相當明顯，假如整個十九世紀的歷史，乃是由市場運動所寫成的；則二十世紀初反向運動和「國家主義」（statism）便成了主軸，並且一度令人類面臨空前的災難，其後才在一片頹垣敗瓦中重建；到了二十世紀末，新自由主義的市場運動再度橫掃全球，並大大加劇了各類政治經濟矛盾，一個世紀前的歷史恍如夢魘般輪迴。

表面上，新自由主義的市場是自我調節的，實際上卻是精心設計的結果，這正是波蘭尼力排眾議、別樹一幟的洞見。各地政府以看似較為超然和中立的姿態，仍通過金融體制、基建運輸和地產投機等多方面，繼續在明在暗伸展「無形的有形之手」(invisible visible hand)。創新科技方面的基建和投資，對各地政府皆屬政治敏感和具戰略性的領域，自然亦不例外。

與此同時，全球經濟愈趨離岸化和金融化，造就了跨國企業和壟斷資本，對他國經濟施以更全面的滲透，並通過全球供應鏈操控所有生產環節。位處弱勢的發展中國家和政府，往往被迫開放市場及接受不平等的貿易關係，難以再掌握本土的經濟發展路向。這表面上是市場開放和激烈競爭的結果，實際上卻是無處不在的國際政治角力，以及帝國主義力量擴張的結果。金融、資訊及通訊科技等非物質領域，則構成了國力強弱的主要分野。

而當下智能革命的意義更加在於：無遠弗屆的網絡平台和智能系統，正全面跨越國界，滲透各類經濟活動，以至進據一般人的日常生活。表面上是人擁有知識和技術，實際上是壟斷資本和國家官僚在操縱科技。人工智能彷佛只是中性的技術，從客觀超然的角度服務人的需要，衣食住行盡可代勞，但同時亦全面規訓和操控人的行爲模式。數據和知識原是開放共享的社會共同體，現在卻被圈定爲奇貨可居的虛擬商品，其原來的角色和功能已被徹底扭曲。

一言以蔽之，「市場競爭」只是神話，「市場壟斷」才是現實；「自由經濟」只是神話，「計劃經濟」才是現實。這些狀況不但存在於社會主義國家，同樣廣泛適用於資本主義國家；不但存在於傳統的威權政體，同樣廣泛適用於所謂「自由民主」的國度。經濟學家創造的放任自由經濟理論只是神話，由政、商、學界等組成的權力集團，共同打造的意識形態霸權才是現實。

然則，當下二十一世紀我們所面臨的，又將是一種怎樣的反向運動和效應？

波蘭尼的《鉅變》一書，被形容爲一本「拒絕被遺忘」的書；但事實是自它出版後的半個世紀，皆並沒有受到學術界和公民社會太多重視；一九九〇年代冷戰結束，更一度帶來了全球一體化、所謂「歷史終結」的樂觀期許；但自二〇〇〇年代初，反全球化運動開始席捲全球，雙向運動的理論遂重新被發掘出來，成為社會科學界的顯學。二十多年匆匆過去了，現時回看，波蘭尼又能帶來甚麼新的啓示呢？

國家主義的回歸與衝擊

這裏嘗試引介英國新媒體學者 Paolo Gerbaudo 對波蘭尼雙向運動理論的當代詮釋。在其新作 *The Great Recoil: Politics after Populism and Pandemic*（2021）中，他正好對二十一世紀初的反向運動和國家主義，提供了及時和全面的分析，與波蘭尼對二十世紀初的討論，構成了甚具價值的對照比較。

作為新媒體的研究者，Gerbaudo 本來主要關注自互聯網普及後，社會抗爭和網絡政治出現的變化，二十多年來的反全球化運動自然是箇中重點之一。但是自二〇一〇年左右起，Gerbaudo 卻發現網絡運動出現了根本的嬗變——概括而言，二〇一〇年前佔主導的，是反抗新自由主義全球化的「自主主義」運動，依託於網絡 1.0 開放、自治的期許；但二〇一〇年後佔主導的，

Paolo Gerbaudo, *The Great Recoil: Politics after Populism and Pandemic* (2021)

則是對應金融海嘯與相應緊縮化政策而冒現、依託於網絡2.0的「民粹主義」(populism)運動。

毫無疑問，兩種運動模式皆源於抗衡新自由主義的反向運動，應對市場和商品化的社會自我保護；但隨著金融海嘯後國際政經形勢的惡化，運動基調已迅速由開放、外向轉至退卻、內向，「公民」的話語被「人民」的話語所取代。尤其關鍵的是，運動重心已由公民社會轉移至國家——運動原來蘊含的強烈無政府主義色彩，早已讓位於民粹威權和強人政治的邏輯，國家主義成爲新階段下的主導理念。

Gerbaudo羅列了一大堆嶄新趨勢，佐證十多年來國家主義的長足發展——全球一體化的市場運動，在二〇〇八年金融海嘯之際達到頂峯，璀璨浮華卻如泡沫般瞬間破滅；自此各國政府皆大力參與經濟救亡，保護主義貿易政策同步冒現，不少國家見證了極右政治力量的抬頭，其中尤以美國特朗普最受矚目；自二〇一七年開展的中美貿易戰，進一步凸顯大國博弈和地緣政治衝突，「去全球化」的聲音愈益高漲。

	自主主義	民粹主義
年代	1990–2000 年代	2010–2020 年代
背景	新自由主義全球化	金融海嘯與緊縮化政策
技術	網絡 1.0	網絡 2.0
主題	反全球化	反建制
基調	開放、外向	退卻、內向
關鍵詞	自治、團結	保護、控制
主體	公民	人民
載體	社會	國家
結果	無政府	威權

表六：「社會自我保護」運動的主導模式

圖表參照：Paolo Gerbaudo（2021）

正如 Gerbaudo 在書名中已點明，二〇二〇年起席捲全球的新冠疫情，更進一步將國家主義大幅推進。從疫情防控以至挽救經濟似乎皆更依賴國家介入，緊急狀態下的特殊措施逐漸變成「新常態」；大至國際貿易和交流、小至地域性的人員和資金流動，規模亦在疫情期間大幅縮減，「供應鏈斷層」令人再思在地生產的需要；「保護」和「控制」的渴求，大大凌駕了「開放」和「合作」的期望。作者稱這是一個「穿山甲時代」，保守和退縮成為對應「廣場恐懼」的主要策略。

儘管 Gerbaudo 對國家主義抱

持不少懷疑，但似乎認定那是難以避免的「必要之惡」，出路只能是力謀規管集中化的權威，加強其透明度、問責性和民主成分。但問題是，在當下的特定歷史場景之下，威權民粹得以與「網絡民粹」（internet populism）偶合，網絡平台和社交媒體主導下的輿論，令人愈益被困在同溫層或稱「過濾泡泡」裏，難以逾越「後眞相」的政治觀點和行動鴻溝。

完全可以輕易想像，隨著ChatGPT或類近人工智能工具的普及，在其強大的語言生成能力下，假新聞和假訊息將得以無限量複製，伴隨而來的是極端政治觀點和情緒的極速傳播。此還未計影音內容的deepfake技術，已能生產出以假亂眞的圖像和語音，打破「有圖有眞相」的金科玉律。當公共領域和輿論愈益呈現病態發展趨勢，制衡權威的功能又可以從何談起？

若是在仍能勉力維持民主制衡的國家，勢必引發公權力大力介入監管人工智能，或通過立法方式打擊虛假資訊傳播，但亦陷入國家力量進一步延伸的兩難；若是在威權甚或極權的國度，則正如近年經驗已充分說明，「後眞相」原是當權者的最佳拍檔，兩者的配合堪稱天衣無縫。

我在《敵托邦》中曾加以詳述，威權民粹主義並非源於網絡，而是建基於全球化下歐美社會結構的劇變。中產階級作爲社會穩定力量一去不返，「憤怒的選民」逐漸形成主導力量，排外和種族主義的呼聲則此起彼落。同一時間，互聯網的操控力量亦變得高度集中，網絡巨頭成爲全球最龐大的企業集團，創新科技愈益被一羣電腦專才所壟斷，其餘所有人則活在被他們脅持的世界裏。人們遂把怨氣都宣泄到網絡平台之上，進一步造就民粹威權和強人政治的登場。

正如英國傳播學者 Ralph Schroeder 在 *Social Theory after the Internet: Media, Technology, and Globalization*（2018）中指出，網絡往往被視爲民主開放的空間，促進政治權力的更公平分配，但最終卻被極端政治力量挪用，成爲煽動怨憤和仇恨情緒的溫牀。相比起公民社會的力量，國家實在擁有更強大的資源和權力，不但對異見者進行網絡監控和懲治，亦藉網絡傳播打擊敵對政治派系，打造民粹的意識形態霸權。

以往強人政治仍需依賴臃腫的官僚架構，又或龐大的黨國機器來支撐，

Ralph Schroeder, *Social Theory after the Internet: Media, Technology, and Globalization* (2018)

涉及巨大的內部交易成本（或稱政治鬥爭）。但現時政治權貴卻受惠於智能革命，藉以奠定高度集權化和集體化的管治基礎。在監控科技和運算程式的突飛猛進之下，少數權貴階級已能駕馭大量人口，甚至清楚洞悉每一個人的所思所想，打造操控人民行為模式的威權以至極權國度。

如何與專制的巨靈共處？

經歷了數百年的歷史演化，西方自由民主體制看似已發展成熟；但正如政治學者 Daron Acemoglu 和 James Robinson 在《自由的窄廊：國家與社會如何決定自由的命運》（*The Narrow Corridor: States, Societies, and the Fate of Liberty*, 2019）中力證，國家和社會之間達至權力均衡相當困難。套用 Thomas Hobbes 的經典概念，國家作為「專制的巨靈」（Leviathan）的陰影，仍然如影隨形、無處不在。

如何既能避免如新自由主義的市場運動失控，同時又能防止在反向運動下，國家主義無止境的擴張延伸？如何能避免雙向運動如鐘擺一般，總是盪

戴倫・艾塞默魯、詹姆斯・羅賓森：《自由的窄廊：國家與社會如何決定自由的命運》（衛城出版，2020）

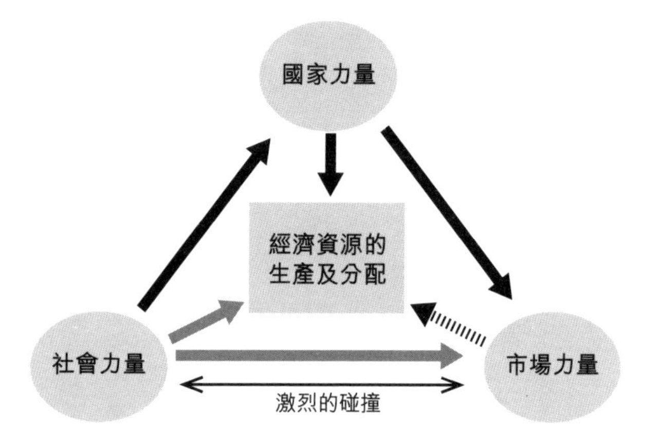

經濟資源的生產及分配模式

圖表參照：Erik Olin Wright（2010）

向災難性的兩極？如何才能令波蘭尼筆下的歷史悲劇，終有逃出宿命輪迴的一天？

前述 Erik Olin Wright 的《眞實烏托邦》，或能爲我們帶來另一重分析角度。與波蘭尼的理論框架不無相似，他在書中提出但凡是經濟資源的生產及分配，可涉及如上圖所示的市場、社會和國家三種迴異力量——在新自由主義意識形態霸權下，市場被描繪成獨一無二的必然力量（虛線箭頭）；但在社會自我保護的需要下，社會與市場力量難免出現激烈的碰撞；這種碰撞衍生意料之外的結果，卻很可能是國家力量的冒起——大有「鷸蚌相爭，漁人得利」的意味（黑線箭頭）。

儘管社會力量變得靠賴國家力量，能局部令失控的市場力量，包括網絡壟斷造成的市場扭曲得到制約，並令商品化造成的破壞得到遏止，但結果往往卻不盡人意——若全面由國家直接生產及分配經濟資源，即二十世紀中央集權的共產主義模式，已被證實是個徹底失敗的實驗，或至少沒有人再相信它的可行性和可欲性；若是通過國家間接對市場力量進行調控，即二十世紀西方的社會民主模式，則它是否足以構成有效的制衡，亦是一大疑問。

因此對 Wright 來說，依賴國家力量並非長治久安的辦法，要真正達到經濟資源的合理生產及分配，最終仍必須通過社會力量自身的壯大，從而形成持續制衡市場的力量，甚或直接參與經濟資源生產及分配（灰線箭頭）。如前所述，若片面地將社會力量看成獨一無二的必然力量，那是屬於無政府主義的烏托邦想像；但在當前現實情景中，如何循序漸進地強化社會力量，從而令國家或市場力量得到均衡，卻是正本清源的必要發展方向。

若是引入資訊科技以至智能革命的因素，對不同體制力量的消長又會產生甚麼影響呢？自主開放的網絡空間原可視爲社會力量的重要後盾；但在過去二十年平台資本主義的壟斷下，卻早已全面被市場力量所收編和吞噬。此一過程中發展出來的強大科技監控能力，則全面被無論民主或威權體制的國家力量所「收割」。總的來說，網絡公民社會仍有其令人憧憬的潛能，但正如我在《敵托邦》中詳細論證，「監控資本主義」（surveillance capitalism，源於 Shoshana Zuboff 二〇一九年的著作）以至全方位監控社會的實現，卻令智能科技成爲公民社會的最大敵人。（詳見第五章）

因此，進一步引申 Wright 的分析，自然會涉及三個主要的課題。首先是公民社會多元混雜、百花齊放的屬性，並不必然構成有序的自我組織和協作模式，更遑論有效地生產及分配經濟資源。社會組織亦不必然按照平等開放民主的原則治理，它們同樣可能帶來各種剝削和壓迫。只是相對於僵化的國家及市場，社會力量仍有較大的靈活適應能力，讓人能重新掌握歷史前路和自身命運。故因應社會力量的賦權和發展，尋求更合理和有效的公民社會

https://shoshanazuboff.com/book/about/

管治模式，乃屬必需。

其次是社會力量必須有效約束國家力量，不但致力令它停止擴張延伸，同時更要藉國家來充當社會力量發展壯大的後盾。國家不適宜直接生產及分配經濟資源，但同樣不應再將主導權歸還給市場力量；它反而更應該促進社會自我組織和管治的能力，有序地減低它對國家和市場的依賴。凡此種種，皆意味國家必須做到自我設限，並與社會訂定新的契約關係。

最後，在當前網絡平台的強勢主導下，社會力量進一步變得碎片化和分隔化，難以醞釀政治共識和集體行動。如何在「冇大台」的前提下，又能避免互拖後腿，達至求同存異？人工智能和其他科技革新又能否幫上一把，讓社會力量有機會得到充分發揮？網絡並非解決問題的萬應靈丹，但必須與社會組織形態彼此匹配、互相促進，方能達至網絡和現實公民社會的同步發展。（詳見第五章）

上述三大課題的重要性和迫切性不言而喻，但不無意外地，在全球範圍的討論和實踐仍很缺乏。其中一個在《眞實烏托邦》中提及的較佳例子，是在加拿大魁北克實施的「社會經濟」(social economy)。當地政府除提供托兒、安老等服務的財政支持，還有意識地孕育社會企業和合作社的發展，並且打造多方持分者平台居中協調。

書中列舉的另一個例子，則是源於巴西、現已遍及全球的「參與式預算」(participatory budgeting)。它更進一步將地方政府的部分撥款，直接交由全民通過商議式民主的機制，共同決定年度預算的用途。參與式預算已儼然成爲全球最矚目的社會民主自治實驗。

網絡政治參與的「綠洲」

正當二〇二〇年美國總統大選臨近之際，中美磨擦同時不斷升溫。繼華爲的5G網絡之後，社交媒體及影音平台WeChat和TikTok成爲被封殺的對象。美國官方所持的理由是這些都並非「乾淨網絡」(clean network)，令美國人民的私隱和美國企業的敏感資料，未能得到有效的保障。

然而，亦有分析認爲，此等社交媒體及影音平台的用戶，主要是亞裔人和美國本土年青人——皆並非總統特朗普的票源所在。因此封殺行動除了具有挑釁意味，在現實政治上亦有其策略考慮。一旦封殺成功，反對力量將不能再通過此等網絡平台，來進行不利於特朗普的政治動員。

上述分析無論有多眞確，起碼也反映了一個重要事實——網絡平台正扮演愈來愈重要的政治角色。就正如特朗普本人，原本主要依賴 Twitter 來發放訊息和進行政治宣傳，最後迫得 Twitter 封鎖他的賬戶。特朗普甚至不惜經常與傳統媒體開火，貶低專業新聞工作者的價值，繞過他們來建立自己的傳播渠道，從而掌握在輿論戰中的主導權。相信沒有誰比得上特朗普，更加深明網絡平台在政治上的重要性。

・網絡平台上的政治

美國作爲代議制的自由民主國家，政治事務主要委託政黨和專業政客代理。一般人民即使具有很高的公民意識，通過數年一度的選舉投票，已能相對（亦只能是相對）有效地反映意見，用不著經常投入在政治活動之中。因此日常生活可被釋放出來，用作謀取個人利益和事業發展，又或進行百花齊放、不拘一格的公民社會活動。換句話說，是政治體制的完善，令政治博弈的交易成本減至最低。

相比之下，在民主體制仍未發展起來的地區，由於政治遊戲規則尚未成熟，不同持分者，尤其是政府與人民之間，便難有清晰明確的互動模式，甚至要借助體制外的政治動員，才能相對（亦只能是相對）有效地反映意見，連帶日常生活亦會變得較政治化。由此往往衍生出更大的矛盾和衝突，令不同勢力愈行愈遠，政治分歧無法拉近。換句話說，是政治體制的缺陷，令政治博弈的交易成本大幅上升。

然則，網絡平台又扮演著怎樣的政治角色？在民主體制下，由於新聞和言論自由皆受保障，無論官方或民間皆可各抒己見、各自表述。而網絡輿論空間的多元開放性，則進一步令小衆和弱勢的聲音，也有更多曝光的機會，這些都是正面的發展趨勢。但與此同時，網絡平台似乎亦更有利於極端和煽情言論的散播，構成了民粹主義冒現的溫牀。

相比之下，在沒有民主體制的地區，新聞和言論自由皆不受保障，傳統媒體往往需要自我設限，只能局部甚至完全無法扮演輿論監督的角色。由此網絡平台遂被寄予深切的期望，有潛力突破政治體制的限制，並孕育出公民社會的力量，對專制政權產生一定的制衡作用。二〇一〇年在中東和北非爆發的「茉莉花革命」，網絡平台便成為重要的動員平台。

至於在中國大陸，早期《人民網》設立了「強國論壇」，已初步展現了民意百花齊放的可能。其後騰訊QQ和新浪微博的普及，更在二〇〇八年的四川大地震中，發揮了自下而上賑災的團結力量，令人憧憬著「網絡公民社會」的崛起。但二十多年下來，隨著中央高層政治的起起伏伏，網絡平台最終又能帶來些甚麼？

・網上輿論的鐵屋子

一個根本的差別在於：在民主體制下，網絡平台只需扮演輔助性的角色，配合相對完善的政治體制來運作，它本身毋須承擔過於沉重的責任；但在沒有民主體制的地區，由於正常的政治參與渠道欠奉，民意沒有現成的宣泄出口，網絡輿論空間的作用才更凸顯。但民間藉此與官方進行博弈，最終結果總是充滿著變數。

從中國大陸的案例已清晰可見，網絡平台畢竟由私人（或半官方）企業擁有，營利才是它們存在的眞正目的，提供輿論空間只是業務衍生的副產品。個別平台成功吸納了大量用戶，因此能發揮強大的傳播效果；但作爲銅幣的另一面，則是用戶對此等平台的過度依賴，亦難逃滴水不漏的監控厄運。網絡平台作爲資訊和言論發放的渠道，其實存在著極大的局限性——局限於自上而下的嚴密審查制度。

由此看來，假如那些不見天日的大型商場，可被形容爲「紙醉金迷的鐵屋子」，令人可以暫時忘卻現實中的一切煩惱；則網絡平台所提供的輿論空間，雖然看似具有它的公民社會職能，但很可能亦只是「讓人自說自話的鐵屋子」，與現實政治屬於各自獨立的「平行時空」。在一切政治怨氣和情緒宣泄過後，現實的煩惱並沒有一絲改善。

執筆至此，不禁讓人想到史匹堡的電影《挑戰者一號》（*Ready Player One*, 2018）。電影描述地球在二十多年後，飽受能源和生態危機的威脅，大部分人皆活在赤貧之中，看來均處於無業的狀態。由於在現實生活中沒有出路，因此人們都沉迷於名爲「綠洲」（Oasis）的虛擬實境遊戲中，力圖找到生命中僅餘的一絲慰藉——這個科幻小說中的未來世界，難道不正是當下網絡空間的某種寫照嗎？

·「冇大台」的國度

與現實政治的一個根本差異是，網絡平台本質上是「冇大台」的國度。不同的聲音或許較易發放，但卻始終處於衆聲喧嘩、難以聚焦的狀態。現實政治畢竟圍繞政府及相關體制運作，必然有其特定的軌迹和焦點；網絡空間當然也有間歇性「洗版」的議題，但趨勢往往卻無迹可尋，議題之間亦欠缺連貫性。網絡平台有力進行大規模羣衆動員，但往往亦只是曇花一現，欠缺最起碼的持續性。

相對有組織的建制集權力量，與沒有組織的網絡動員力量，兩者長期互動博弈的結果將是：後者不但無法動搖前者的權力基礎，同時亦有可能令公民社會迷失方向。

國際上僅有能打破網絡政治宿命的，似乎就只有如二〇一四年成立的「我們能」（Podemos）黨，至今是西班牙的第三大黨和執政聯盟的成員。整個政黨主要由遍布全國的網絡小組組成，並藉網上交流和投票平台串連起來，徹底拋棄傳統政黨的官僚架構組織，全面實行自下而上的直接民主參與。時至今日，「我們能」黨仍然以網絡平台來作爲維繫多達五十萬黨員的主要渠道。

當然，如下所述，「我們能」黨置身於西班牙的民主體制，其成功之道主要亦在於選舉動員。這種經驗是否適用於其他國家和地區，實在不無疑問，但仍甚值得關注未來政治發展者深入研究。

數碼政黨的冒起、局限與前景

不知大家有沒有玩過 Age of Empires 或 Civilization 這類網絡策略遊戲？以我們這個世代的人來說，回應日常生活中的大小事務已夠忙了，又哪會有閒暇去理會這個帝國或那個文明的事務?!

即使大家不玩網絡遊戲，也總會用社交媒體吧。它彷彿已成了討論公共議題、參與政治事務最主要的場域；但問題是，用社交媒體會否和玩網絡遊戲一樣，只是終日聚集某個同溫層的人，活在自己遙遠和「堅離地」的國度裏？

・政治能量的成功轉化

網絡上的政治世界，當然不會和現實政治完全分割；社交媒體的興盛，更令羣眾動員的成本大減，各方素人也能輕易投入政治活動。但對於我們這些 old seafood 來說，種種疑團卻始終揮之不去：網絡政治真能擺脫「自

high」、促進長期和持續的介入，以至改變現實政治嗎？

二〇一九年，終於等到了 Paolo Gerbaudo 的 *The Digital Party: Political Organisation and Online Democracy* 這本書，正是我認識這名新媒體研究者的起點。這書讓我們可以更嚴謹地審視近十多年歐洲的年青人社羣，是如何將網絡上「冇大台」的政治能量，轉化成有組織的政黨力量，長遠而有系統地與建制力量抗衡，甚至取而代之。而這些新興的數碼政黨，又是如何有別於官僚化的傳統政黨，促進更開放和直接的公民參與。

Paolo Gerbaudo 來自西班牙，是倫敦國王學院講師。他在書中集中分析了西班牙的「我們能」、意大利的「五星運動」（Movimento Cinque Stelle）和北歐的海盜黨（Pirate Parties），它們是如何在短短數年之間，一躍而成當地舉足輕重的政治力量。難得的是，書中並無太多誇讚和貶斥，而是能相對平實地介紹這些政黨的各種面貌。

或許也應先簡介一下，「我們能」屬於左翼民粹政黨，成立於二〇一四年，現在是西班牙的第三大黨和聯合政府成員；五星運動是意大利的右翼民粹政

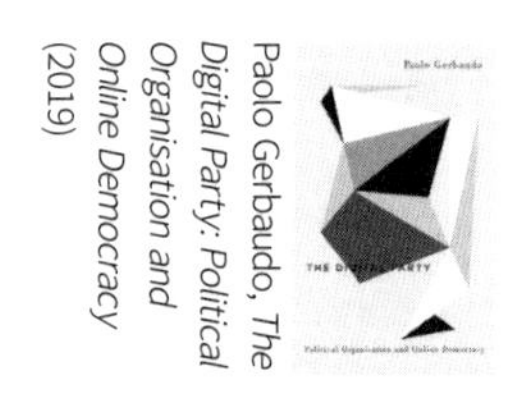

Paolo Gerbaudo, *The Digital Party: Political Organisation and Online Democracy* (2019)

黨，成立於二〇〇九年的金融海嘯之後，在二〇二二年前仍是國會第一大黨；海盜黨在二〇〇六年成立於瑞典，其後散播至奧地利、丹麥、芬蘭、德國、愛爾蘭、荷蘭、波蘭、西班牙以至歐洲以外的國家。它們會聯合起來奪取歐洲議會議席，主要關注網絡時代的相關政策議題。

・線上民主凌駕代議民主

毫無疑問，傳統政黨除了充當選擧機器，已愈來愈無法應對新的社會訴求，與一般公民的關係漸行漸遠。正如 Gerbaudo 指出，傳統政黨乃是工業革命時代的產物，主要反映相對穩定的階級利益。政治精英與支持者的距離很遠，代議士擅長用花俏的語言僞術，議會政治常讓人感到厭倦，一般公民對政治都比較冷漠。但在資訊發達的網絡時代，一切傳統都受到了根本的挑戰。

相比之下，數碼政黨較能吸引在網絡世界成長的新生代。他們缺少了上一輩的階級認同，往往只會以「人民」或「公民」自居，指向現存政治制度沒照顧到的社會大多數。從這個角度來說，數碼政黨並非主動塑造新的政治板塊，只是將過往未能整合的政治訴求串連起來。不無弔詭的是，網絡經濟加劇西方社會的就業零散化和貧富懸殊，與此同時，網絡平台又爲人提供了宣泄怨氣的新渠道。

The Digital Party 一書的深刻之處在於，能將政黨發展放在宏觀歷史的脈絡看待——假如傳統政黨就像工業社會的大工廠和流水線，則數碼政黨完全建基於當代的社交媒體——它們首先會藉社交媒體對外吸納大量支持者，然後再建立自己的內部民主參與網絡。而重點是，不少人都懂得通過 Facebook 或 Instagram 提高支持度，惟獨數碼政黨能將之轉化爲內部組織資源。

Gerbaudo 將此等特質稱爲「平台化」（platformisation）。就和社交媒體一樣，它有效提高了政黨決策的透明度，以及普遍支持者的參與度。數碼政黨毋須再依賴臃腫的官僚或「樁腳」組織，亦能有效聯繫和凝聚數以十萬計的黨員。這令過去被視爲無法實現的直接民主以至商議式民主，終能通過科技力量展露在眼前。

由此而言，平台化的政治參與兼具集中和分散的特質。集中是指高度標準化的平台運作程序，就和 Facebook 或 Instagram 一樣，所有帖子皆按照大同小異的格式，讓黨員能根據清晰的遊戲規則行事；分散則是指在標準化程序之下，一般黨員的進場門檻大大降低，參與黨務和使用社交媒體一樣方便，數碼政黨的兼融性和政治活力得以大大強化。

・網絡能量如何「落地」？

數碼政黨能夠像社交媒體般迅速擴大支持度，但讓人意外的是，它們同時又能避免網絡上的眾聲喧嘩、黨員意見紛紜的混亂局面，並有效地整合和聚焦各種聲音。數碼政黨的內部決策機制，正是最令人感到好奇之處。設計獨特的會議及決策軟件，正是其成功的主要祕訣，近年並已吸引到傳統政黨的爭相仿效。

正如 Gerbaudo 明白無誤地指出，數碼政黨軟件並非政治中立的工具，它反映了背後的意識形態基礎。軟件的主要功能之一，是容許黨員就不同議題進行深入和反覆討論，經過充分商議才作出最後結論。以海盜黨和五星運動採用的 LiquidFeedback 爲例，它會先開放募集各種提案，當提案獲得一定支持度後，便交由參與者提出意見和表達意向，最後再由草擬人修訂提案再付諸表決。意向表達亦會以加權方式處理，從而確保少數意見受到尊重。(另見第五章)

至於「我們能」採用的 Loomio，則是以建立共識爲主要目標。參與者可就不同提案，表達「贊成」、「中立」、「反對」和「否決」四種意向，並可在討論過程中不斷修訂意向，直至提案修訂至獲得大多數、甚至所有人同意爲止。此一機制既確保少數意見受到尊重，亦對邁向共識定下明確方向，能有效避免漫無止境的議而不決。

從上述例子可淸楚顯示，會議和決策軟件像社交媒體一般，能容納百花齊放的意見或提案，但重點是它能放之餘、亦要能收——通過開放透明的商議過程收窄分歧，最終達至多數人同意、少數人仍獲尊重的決定。當然，*The Digital Party* 只提供了極爲粗疏的介紹，讀罷仍大有意猶未盡的感覺。不同

How does Loomio work?

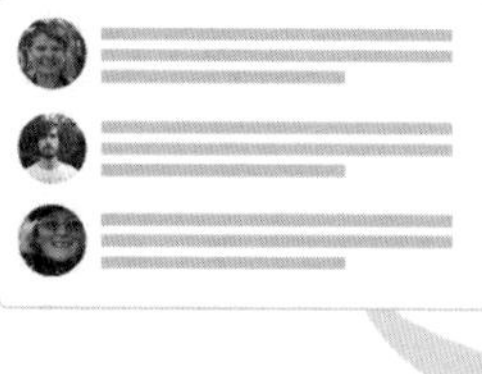

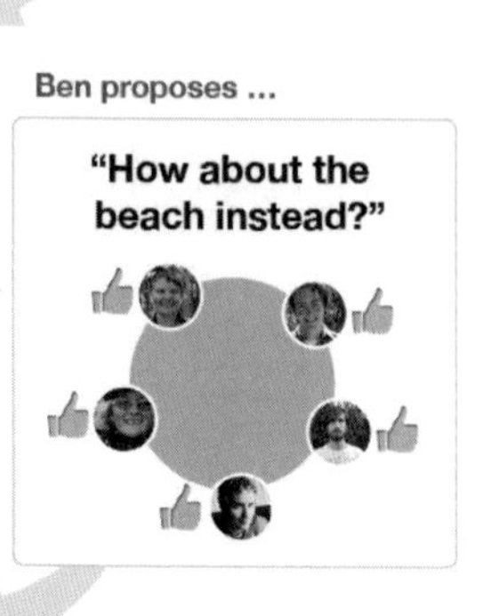

Outcome

“Let’s get packing!”

圖片來源：www.loomio.org

軟件和商議過程有何優缺點，更加適用於哪些組織形態和需要，只能留待讀者自行進一步研究。

．數碼政黨的局限與前景

然而，正如 Gerbaudo 同時強調，我們不能盲目相信決策軟件的力量，因爲畢竟進行決策的乃是人自己。他以「我們能」黨著名的 PCI（Podemos Citizens Initiatives）機制爲例，說明任何黨員只需獲得百分之零點二全體黨員的支持，就能將提案放上「公海」；在三個月內獲得百分之十全體黨員的支持，便會成立工作小組跟進提案；最終並將其付諸全民公投表決。但自 PCI 機制設立以來，從來沒有提案能通過第二關！

Gerbaudo 乃是想藉此指出，看似中立的提案或決策門檻，無非仍由管理者一手包辦，「冇大台」背後總有個「隱藏的大台」。這正是數碼政黨所兼具的權力集中和分散的兩面性，大概亦是面對現實政治鬥爭所需作出的妥協。畢竟多數黨員只會在公投時出現，平日的深入討論和提案，更多仍是由專業政客來執行。以民粹主義作號召的數碼政黨，實際權力仍難免落在少數領導層手中。

The Digital Party 是否如《國王的新衣》中的女孩，指出了數碼政黨此等「令人難堪的眞相」？意味「冇大台」的直接民主只是假象，寡頭壟斷才是現實政治的本質？若是放諸歐洲以外、民主傳統更加薄弱的地區，數碼政黨會否更易淪爲政客的工具？民粹主義者所倡議的政治理想，最終卻變成獨裁者崛起的溫牀？

同樣正如書中不斷強調的，我們不應偏向靜態和絕對的立論，而應從動態和相對的角度，了解數碼政黨成員和領導層、政黨與外部環境的長期互動關係；我們不應只看見眼前的不足，而應從更宏觀的歷史角度，審視數碼政黨未來的各種可能。畢竟決策軟件和商議過程落在不同人手中，自會發揮出迥異的功能和效果。未來仍是充滿著各種可能性，實不宜太早作出過於武斷的結論。

設想真有掌控尖端科技的「神人」，則相應的政治模式便會是「帝制」……相反假如知識和科技也能民主化，則整個世界也不至過於沉淪墮落。

第五章　人本主義的崩潰與重建

在NHK電視劇《十七歲的帝國》（2022）中，二〇二X年的日本飽受人口老化和經濟萎縮困擾，日本政府決定展開 Utopi-AI 計劃，試驗以人工智能接管地方政府，實行「算式管治」（Algocracy），讓垂死的邊陲城市復甦起來。超級電腦梭倫選出十七歲高中生眞木亞蘭作爲總理，讓亞蘭和一班年輕人在智能科技的協助下，著手打造一個充滿理想主義色彩的城市。

亞蘭上任後做的第一件事，就是宣布廢除原有的市議會，摒棄私相授受的老人政治。他通過鋪天蓋地的網絡和智能裝置，直接收集和分析全體市民的意願，以全民公投和直接民主作爲決策的依據。亞蘭提出的重要措施，還包括大量裁撤市政府人員，將騰出的預算直接用於市民身上。

然則，亞蘭和人工智能所帶來的，究竟是一個烏托邦抑或敵托邦的國度呢？

《十七歲的帝國》(2022)

圖片來源：www3.nhk.or.jp/nhkworld/en/teenregime/

《十七歲的帝國》與後自由主義

Yuval Noah Harari 曾在《人類大命運：從智人到神人》（*Homo Deus: A Brief History of Tomorrow*）提出一個有趣的觀點：人類歷史同時亦是「人看書」的歷史——人通過書本累積知識、建立合作關係、形成集體力量並統治地球；但時至今日，人類歷來首次進入「書看人」的階段。

他所指的是 Amazon 的 Kindle 電子書，能全面記錄人的閱讀過程，包括從哪個網頁跳到哪個網頁、哪本書跳到哪本書、哪頁起至哪頁止，盡皆一目了然。在不久的將來，還可以通過各種電子傳感裝置，洞悉表情面貌身體的微小變化，測知用戶對不同內容的反應，七情六慾、喜怒哀

哈拉瑞：《人類大命運：從智人到神人》（天下文化，2017）

樂，盡在掌握之中。

直至現時爲止，人們的關注焦點仍主要集中在網絡私隱。在鋪天蓋地的電子監測系統包圍下，一舉一動皆悉數被監控記錄。不但在專制政權、就算是號稱民主的國家，公民的權利和自由均正大受威脅。Big Brother is watching you，歐威爾在《一九八四》中預言的世界正全面實現——但這很可能只是問題的冰山一角。

Harari 提出的上述設想，正是力圖論證人類不但無法逃避網絡監控，而是進一步無法再選擇接收的訊息。正如「書看人」的例子所預示的，隱藏在地球某處的電腦系統和運算程式，將因應你接受資訊的習慣和偏好，通過大數據和人工智能的分析，來決定下一步你會接收到甚麼訊息——表面上是你在選擇看甚麼書，實際上將是書在決定你看甚麼。

這種藉智能科技量身訂造資訊的方式，實大可理解爲一種「科技讀心術」。正如 Harari 指出，你可能不太清楚自己需要甚麼書，Kindle 因應你的閱讀習慣來選書，可能更切合你的眞正需要。推而廣之，人類往往並非如自己想像般理性，人工智能甚至比你更了解你自己，因此亦可助你在日常生活中，作出「更佳」的大小決定。

事實上，對於因應個人偏好餵飼資訊的做法，我們在網絡世界中早已習以爲常，照單全收。

Harari 又認爲，在主流經濟學家的盲目鼓吹之下，當下新自由主義的主導意識形態，將市場自我調節看成是自然法則。其最成功的地方正是說服政府官僚，心甘情願地相信並承認自己是愚蠢的，因此自願將政治權力拱手相讓，依賴那神祕的市場力量——Adam Smith 所謂的「無形之手」，來爲人民作出最重要的決定。說穿了，政府官僚只是被大財團官僚所取代，如此而已。

在大數據和智慧城市這類嶄新論述下，政府官僚遂可進一步順理成章地，將政治權力交託在同樣神祕的科技力量，按照其揭示的「科學法則」，更加「聰明」地管理城市和調節資源分配。其實他們只是將公帑源源注入創科企業，將其原應承擔的政治責任（以至決策的透明度和問責性），轉移給虛無縹緲的運算程式，由此亦開啓了「後自由主義」（post-liberalism）的時代。

神人與數據宗教的建立

同樣正如 Harari 指出，在二十世紀末，困擾人類的三大生存威脅——饑荒、瘟疫、戰爭，均看似得到了全面的解決（儘管站在二〇二三年回望，這個判斷可不能說得太死！）。無論如何，這是人類歷史上空前的成就，大大鞏固了全人類生活經驗的確定性，並令人相信還有更多發展和進步的空間，可以進一步大膽嘗試。

然而，自科學革命發生四個世紀以來，二十一世紀智能革命作爲發展的極致，卻迅速爲當下人類帶來嶄新和嚴峻的挑戰。這已不單在於人的勞動價值和就業職位，將全面被智能科技和機械人取代；更在於人作爲掌握自己命運的主體，亦正變得愈來愈投閒置散、可有可無——運算程式彷彿已擁有更爲豐富的數據和知識，能作出遠較人類聰明和合理的各種決定。

自工業革命發生的兩個多世紀以來，大眾傳媒亦隨著科技發展不斷演變。正如大哲 Jürgen Habermas 關於「公共領域」（public sphere）的著名研究，便指自由開放的公衆輿論空間，只曾在十九世紀末曇花一現。二十世紀媒體的商品化和集團化，加上政府全面介入公共領域，早已令媒體失去原有的獨立性。互聯網帶來衆聲喧嘩的無政府狀態，曾一度讓人憧憬公共領域的重生，現時看來未免是過於樂觀了。

一旦再也沒法決定接收哪些資訊，甚至是被強制注入特定的、或眞或假的資訊，人類的認知和思考模式亦被全面重塑。「批判思維」從此將一去不返，「獨立人格」頓變成歷史的名詞。人類將會失去選擇生活的權利，再也無法主宰自己的命運。從宏觀的政治層面來說，則人作爲獨立和理性的主體，擁有及實踐天賦的人權和自由，作爲數百年來自由民主體制的基礎，亦將徹底被打破。

除了機械人和各類自動化設備，正急速超越工人在生產勞動上的地位，即使在日常生活的不同範疇中，人們亦愈來愈毋須裝備各種知識——無人車遠較人類駕駛員可靠，地圖程式較我們更懂得認路，投資軟件比我們更懂得投資，就連文學、藝術和音樂創作的技巧，人工智能也已經開始掌握。運算程式正開始逐步取代我們的大腦，處理生活中這樣那樣的大小事務。

套用 Harari 的說法，自認知革命千萬年以來累積的人類知識，正開始逐步與人作爲生物性的存在脫鈎。人工智能和生物科技的急速發展，正醞釀一種超越現代智人的新物種，擁有較諸一般人更高的知識和智慧，逐漸成爲牽引未來歷史前進的主要動力，他們將擁有駕馭生命的能力，化身如同上帝般權威高度的「神人」。「數據宗教」(data religion) 的新烏托邦、或敵托邦宣告建立。

相比之下，餘下絕大多數人將變成「無用階級」(useless class)，對整體社會的作用變得少之又少。大多數人無論是經驗上或存在上的確定性，皆突然出現了極大的疑問。（詳見第六章）

自由民主價值仍未過時嗎？

《十七歲的帝國》尤其令我感到興趣的是，故事中 Utopi-AI 並沒有被少數權貴精英把持，反而能繞過自由民主體制常見的議會政治和官僚架構，直接訴諸廣大民意作爲決策的基礎——高高在上的超級電腦並不一定背叛普羅大衆，科技讀心術仍被用作服務市民的利益，智能科技依然能夠遵行人本主義和自由民主的原則——「算式管治」亦能擔當「算式民主」（Algo-democracy）的功能，全視乎人的意願和制度的設計而已。

不厭其煩地再重複一遍：是一小撮人，不是人工智能，才最有可能背叛全人類！

根據 Samuel Huntington 在 *The Third Wave: Democratization in the Late Twentieth Century*（1991）的經典論述，全球第一波民主化自十九世紀初緩慢展開，第二波在二十世紀中葉，伴隨二戰後的民族獨立浪潮而來，第三波則出現於二十世紀後期，特別是一九八九年「蘇東波」的前後。總的來說，自由民主被認爲是現代人類歷史的大方向。

然而踏入二十一世紀，全球卻經歷了顯著的民主退潮。在俄羅斯、土耳其和一些中東歐國家，威權統治均重新冒起；覆蓋面甚廣的「阿拉伯之春」，最終卻帶來了不少政局混亂的狀況，甚或出現如敍利亞內戰般的人道悲劇；

Samuel Huntington, *The Third Wave: Democratization in the Late Twentieth Century* (1991)

在泰國、孟加拉和緬甸等亞洲國家，民主發展亦經歷了不少波折。

但最爲關鍵的是，歐美等傳統自由民主國家亦未能獨善其身。金融化和離岸化的經濟活動，加上零散化和去技術化的就業環境，令工業社會的階級結構徹底瓦解，傳統政黨的選民基礎不斷流失，左右翼政黨輪替的穩定局面一去不返。包括威權民粹主義在內的極端政治主張，迅速建立廣泛的民意基礎，並構成了強人政治滋長的溫牀。

歸根結柢，問題未必出在智能革命或民粹主義本身，而在於傳統代議式的自由民主體制，特別是議會民主和政黨政治的操作，仍能否面對當下嶄新的社會經濟挑戰。傳統民主體制失效造成的政治眞空，正是民粹主義乘時冒現的主要成因。假如威權民粹只是基於對過往美好日子的追憶，則擁抱民主體制的反民粹主義者，很可能亦是活在既有的狹隘世界觀裏，無視僵化和低效制度的不可持續性。

當代自由民主的政治體制存在兩大根本缺陷，人們總是完全視而不見、聽而不聞：其一是它只強調政治民主，無視更廣泛生活層面上的社會及經濟

支持民主＼支持自由	＋	－
＋	自由民主體制	反自由的民主
－	反民主的自由	專制獨裁

表七：當代的自由主義與民主
圖表來源：Yascha Mounk（2018）

民主、參與和賦權。其二是它只強調人們作爲消極公民，把權力付託給政客和代議式的間接民主，卻無視積極公民更具參與性和商議式的直接民主。

在欠缺這兩大面向之下，資本主義的（包括由網絡壟斷衍生的）掠奪剝削完全不受制衡，政府只有在所謂「市場失效」時才作極有限度介入。議會政治則讓人覺得距離十分遙遠，無法令人感受到作爲政治主體的自信和尊嚴。兩者意味著經濟和政治權力皆由權貴精英高度壟斷，普羅人民的權利和自由得不到起碼的保障。

正如德國國際關係學者 Yascha Mounk 在 *The People vs. Democracy: Why Our Freedom Is in Danger and How to Save It*（2018）中指出，人們太習慣地認定自由和民主必然並存。但事實上，現實

YASCHA MOUNK
THE PEOPLE VS. DEMOCRACY
WHY OUR FREEDOM IS IN DANGER & HOW TO SAVE IT

Yascha Mounk, *The People vs. Democracy: Why Our Freedom Is in Danger and How to Save It* (2018)

中以市場力量呈現的自由，正愈來愈偏離民主監督的要求。資本壟斷包括科網巨頭的力量，正大幅延伸至各個領域，但就欠缺起碼的透明度和問責性。政治體制淪爲權貴既得利益的工具，一般公民難以感受到其意願眞正得到反映。

相反如前所述，在愈來愈多的西方民主國家，則充斥著損害自由和人權的威權民粹主義，「憤怒的選民」愈益靠向極端的政治主張，通過選票來宣泄他們對建制的不滿。自由民主體制正面對著難以調和的內在矛盾，自啓蒙運動建立的現代政治基石陷入空前危機，但現階段卻並不存在可行的替代方案。

當人工智能結合「多數人的暴政」

《十七歲的帝國》對未來政治的嶄新想像，若套用第四章提及Wright《眞實烏托邦》的框架，或能爲我們帶來多一重分析角度。扼要回顧：Wright原本是指經濟資源的生產及分配，可涉及市場、社會和國家三種迥異力量——以往市場被描繪成獨一無二的必然力量（虛線箭頭），但社會與市場力量難免

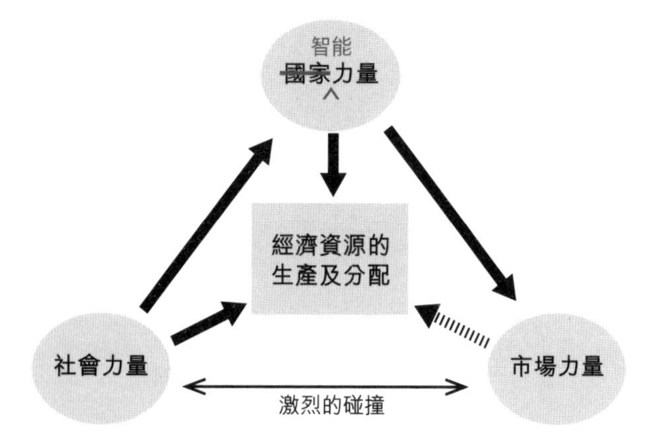

智能革命下的生產及分配模式

出現激烈的碰撞；這種碰撞卻很可能意外地造成國家力量的冒起。

《十七歲的帝國》所憧憬的，卻是以智能科技取代國家力量（包含議會和官僚），並且自覺地接受社會力量的約束，以此爲基礎制衡市場的力量（例如財閥的霸權），甚或直接介入經濟資源的生產及分配（黑線箭頭）。正如劇中所清晰描述的，這種取代過程大可溫和有序地進行——國家循序漸進地將權力移交給超級人工智能，通過不斷測試和持續改進來完善新的體制。

但顯而易見，這種想像的主要

問題有二：其一，假如超級電腦（如劇情所述）乃來自政府（或其財閥夥伴），則我們又如何能確保它切實遵行民意，而沒有刻意扭曲或加鹽加醋？如何確保它不會被少數權貴精英利用，淪爲生產「後眞相」的機器、按其需要「製造」民意的工具？掌握有限資訊和知識的大多數人，又能憑甚麼監督智能科技的運作？

如下所述，隨著科技令去中心化的自治組織和管治模式變得可能，由公民社會自主地駕馭人工智能和運算程式，在技術上並非不可能；但正如在早前關於《眞實烏托邦》的討論中已指出，這實有賴國家能做到自我設限，願意促進社會自我組織和管治的能力。假如只片面地相信「科技萬能論」，公民社會能借助智能科技在國家以外「另起爐灶」，單方面建立自我組織能力，無疑是過於理想化的想像。

其二，更加根本的問題在於：卽使超級電腦如實傳遞眞確資訊，眞心誠意遵行民意，所反映的又是哪門子的民意？在現代自由民主體制下，多數決仍是最被廣泛應用的原則。卽使在強調多元政治的歐陸地區，例如法國總統選舉會採取多輪投票，不少國家的執政聯盟必須取得國會過半議席，盡皆爲了確保決策能取得過半選民的支持；但畢竟遺留下來的少數派，其主張難免仍會慣性地在投票中落敗。一旦極端的政治主張進據主流，便容易構成一種「多數人的暴政」(tyranny of the majority)。

美國政治哲學家 Larry Alan Busk 在 "Schmitt's Democratic Dialectic: On the Limits of Democracy as a Value" (2021) 中，借助一百年前的威瑪共和時代德國政治哲學家 Carl Schmitt 對民主的批判，力圖論證現代民主體制存在根本性的缺陷，實在值得我們更認眞的思考和反省。對 Schmitt 來說，民主與威權獨裁並非反義詞，甚至往往只是一體的兩面，其關鍵在於理想中的「人民公意」，與政治現實中活生生的人民，永遠存在著難以彌合的一道鴻溝——活生生的人民永遠無法達到民主理想的要求。

Schmitt's Democratic Dialectic: On the Limits of Democracy as a Value

換句話說，當民主落實在具體操作之際，它最多只能達到某種程序公義，甚或只是程序上的形式主義；它只擁有形式上的工具價值，卻無法保證達至社會的共同目標——民主可以用作激化或緩和矛盾、可以促進或限制自由、可以減少或增加社會不平等，諸如此類——因此民主作爲民主本身，只是一個空洞無物的外殼，如此而已。

因此按 Schmitt 的想法，民主體制充其量只是建構理想社會的必要條件，卻絕非充分條件，它必須服務於更高的價值、預設的根本目標；然而問題卻在於：我們又如何能令活生生的人民明白、認同和共同推進這些民主之上的價值呢？還不是先要有「覺醒」的領袖，告訴「盲目」的大衆其「眞正」的需要？若果眞如此，民主豈不必然亦是反民主、必然是自相矛盾的嗎?!

毋庸諱言，Schmitt 對民主體制的強烈懷疑，再加上他身處的歷史環境，最終令他接受德國人民的共同選擇，倒向納粹主義和希特拉，以至德國巨大歷史悲劇的懷抱；但他所提出的質疑卻仍然歷久常新，值得支持和推動民主的人更加嚴肅的看待。

從雅典到 Utopi-AI 的商議式民主

《十七歲的帝國》中的超級電腦梭倫，名字乃源於公元前六世紀古希臘政治家 Solon。梭倫正是雅典式直接民主的開創者——伴隨而來的，則是美好和醜惡集於一身的結果。

時至今日，致力避免多數人的暴政出現，已是現代自由民主體制的基本防線；但在近年威權民粹主義的衝擊下，這條防線已經愈來愈持守不住，法西斯和納粹主義的陰影正不斷延展。尤其是在智能革命、網絡民粹和「後真相」時代的大潮下，如何避免威權甚或極權主義的孕育滋長，是古希臘和當下我們同樣面對的一大課題，可謂舉足輕重。

正如前文 Busk 曾經提及，民主體制隱含著難以調和的內在矛盾，令古今政治學者無不想方設法，在現行原則和實踐之上加以完善，致力減少出錯的機會。其中關於「商議式民主」（deliberative democracy）的探討，尤其具有重要的時代意義。值得注意的是，它很可能無法令民主體制變得完美，但卻起碼有助避免最壞的情況出現。

Busk 引述美國政治學者 James S. Fishkin 在 *When the People Speak: Deliberative Democracy and Public Consultation*（2009）的討論，指

James S. Fishkin, *When the People Speak: Deliberative Democracy and Public Consultation* (2009)

民意收集 \ 民意過濾	沒有	有
直接	羣眾民主	商議式民主
間接	民粹代議制	共和代議制 (傳統美國模式)

表八：民主的機制

圖表來源：Fishkin (2009)

出在美國開國元勳看來，民主必須建基於經過濾（filtrated）的民意，致力避免直接民主可能帶來的震盪（表八），這在麥迪遜撰寫的《聯邦文集》中尤其著重。因此長期以來，美國皆甚重視政黨和議會的中介角色，而不會採取全民公投這類民主機制，就連總統大選亦要通過選舉人票方式過濾。制度設計的背後其實隱含著深刻的思考。

然而，一利自然亦有一弊，就如傳統上美國的代議式民主體制，便只能片面地達成「政治平等」，普羅選民的實際「參與」相當有限；即使進一步促進政治平等和參與，那亦只能構成某種「羣眾民主」（mass democracy）的基礎（參左圖）；至於「商議」作為多一重的額外要求，便仍有待進一步探索和加強。對 Fishkin 來說，只有在「數量的民主」之上提

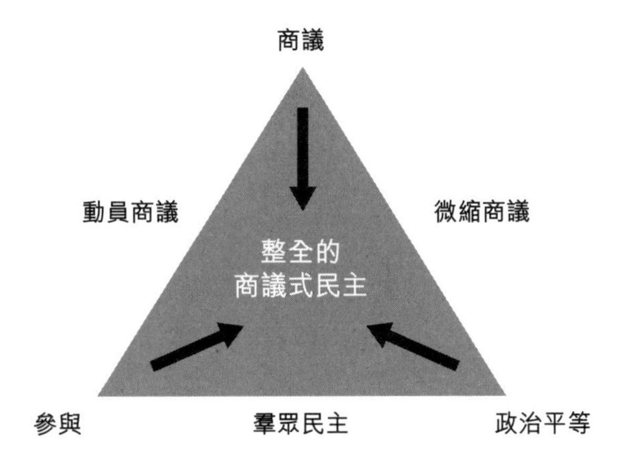

民主的三難
圖表參照：Fishkin (2009)

升「實質的民主」，防止盲目的大衆濫用權力，民主體制方能整全發展。

換句話說，民主體制所面對的是「政治平等──參與──商議」的三難，無論是重量不重質，或是重質不重量，皆無法令各個原則得到全面兼顧。如何在制度的設計上力求平衡，避免民主在具體操作時出現扭曲，正是政治學研究的重要使命。若以更淺白的話解釋：政治平等讓一般人能開始「動手做」，參與則給他們更多機會「開口講」；不過，仍有賴進一步引入商議的元素，才有可能令他們「仔細想」。

由此 Fishkin 遂先把我們的目光，帶到公元前四世紀的晚期雅典民主體制，曾對早期由梭倫奠定基礎的民主體制，針對其缺陷和挫敗作出重要的修訂。現代社會反對民主的聲音很有限（前述的 Schmitt 大概已是最著名的一人），但在雅典時期卻極具爭議性，例如柏拉圖便是反對民主體制的主要倡議者（他對多數人的暴政尤爲戒懼）。二千多年前對民主的持續爭辯和反思，對當代的民主危機實具有重要警示作用。

除了衆所周知的廣場式直接民主，晚期雅典還進一步引入隨機抽籤、每隔一段時間輪替的代表（有點像現代的陪審團制度），負責對廣場的全民議決進行反思性的商議，並且可以對不達標準的議決行使否決權。顯而易見，此舉期望能對廣場議決作出有效監督制衡，給它增設一個「民主剎車掣」，爲直接民主的可能偏差提供多一重保障。

Fishkin 進而探討，在涉及人數多得多的現代大型民主體制中，是否亦可以引入類似晚期雅典的商議模式？即使是多數人支持的議決，是否仍能受制於某種分權制衡的機制呢？如何確保隨機選出的代表，真能反映民意和履行必要的監察角色？又如何能令商議過程發揮最大作用，真正有助彌補直接民主的不足呢？對 Fishkin 而言，凡此種種，皆並非應否去試，而是如何去試的問題。

恰巧我在近年經常接觸的「設計思維」，正是近年迅速普及的一種商議及協作方法。顧名思義，設計思維乃是源於設計專業，強調以人為本、善用羣衆智慧和跨界別協作，力圖拉近不同持分者的距離。近年它被企業和教育機構廣泛採用，就特定課題採取集思廣益的方式，共同尋找具創意及突破性的見解，並在實踐過程中不斷修正錯誤（trial and error），從而獲得新的知識和解決問題的方法。

在《十七歲的帝國》中主要呈現的，是一種針對不同政策議題的實時公投模式，因此亦大致體現了「政治平等—參與」的羣衆民主模式；但藉「商議」所體現的實質民主層面上，劇中的模式仍明顯存在相當的不足。正如 Fishkin 指出，商議涉及資訊的真確性、代表的多元性、觀點的平衡、憑良知的討論和公平的評價等眾多原則——設想大家是編劇的話，又能否把這些原則納入Utopi-AI，並通過強大的人工智能加以實踐，從而提高這個烏托邦實驗成功的機會呢？

從直接、維基、數據到智能民主

《十七歲的帝國》雖然由NHK製作，但只是五集的短篇劇，自二〇二二年播出後，在國外產生的回響仍相當有限。因此我們只能知道，超級人工智能梭倫的名字源自雅典民主，但卻很難完全明白，著名編劇吉田玲子構建的Utopi-AI國度，到底基於甚麼樣的學術研究基礎——惟一可以清楚看見的，是她對這種嶄新實驗、對十七歲那份青澀的理想主義，抱持相對抽離和不置可否的態度。

不過，我想吉田玲子大概會看過美國法學家Jamie Susskind在*Future Politics: Living Together in a World Transformed by Tech*（2018），書中有系統地論證隨著智能科技的普及和革新，資訊傳播和溝通合作的成本

Jamie Susskind, *Future Politics: Living Together in a World Transformed by Tech* (2018)

大減，將如何令超越自由民主的嶄新體制變得可能，令烏托邦具備落實操作的客觀基礎。作者又列出了「直接民主」（direct democracy）、「維基民主」（wiki democracy）、「數據民主」（data democracy）到「智能民主」（AI democracy）等不同方向的未來想像。

事實上，在《十七歲的帝國》中並沒有詳細剖析，但似乎上述幾種民主模式，在劇中皆共冶一爐、兼而有之。

先說直接民主，那自然令人想到劇中的實時公投，大概亦是雅典民主最直觀的再呈現，同時亦蘊含著各種走向偏差和極端的危險。對 Susskind 而言，直接民主最能清晰簡潔地體現民主原則，每個人的一票都直接體現在決策之中；但問題自然亦是如上所述，活生生的人民眞有能力去做決定嗎？他們又是否願意花大量時間投入政治？

一個折衷辦法是按照選民的意願，讓每人只專注於特別關注的議題（好像議會中的各類專責委員會），並且只限於在該等議題中投票；又或容許選民委託代理人投票，但亦可以隨時收回這項權利（這被稱爲流動民主，liquid democracy）。種種機制，皆務求令資訊交流的效率提高，每張選票更加用得其所，從而減輕每個人參與政治的負擔。

在此值得宕開一筆，引介 Posner 和 Weyl 在《激進市場》（2018）中提出的「立方投票」（quadratic voting）制度。它就好比每人每年獲發一百個單元代幣，每次投票你可選擇使用多少代幣；但計票方法則是代幣數目的平方根（例如一元＝一票，四元＝兩票，九元＝三票……一百元＝十票）。爲何會有如此特殊的計票方法呢？作者的用意是每個人都可將手上的代幣，all in 到自己特別關心的議題；但取其平方根計算票數，則是避免小衆的影響力過度膨脹。此舉遂有機會令多數人和少數人的利益，得到適當的平衡。

話題回到 Susskind 的維基民主。顧名思義，民主就好比《維基百科》一樣，可視爲一個共同創造的過程，公民可以透過類似前述的衆包（crowdsourcing）和衆籌，或可稱作「共同體爲本 P2P 生產」，發揮各自所長去參與議政論政，「生產」出知識、法律和政策。對 Susskind 而言，此舉遂能讓公民與志同道合（或針鋒相對）的人一起，共同深入商議和研判特別關

Plural Voting (also known as Quadratic Voting or QV)

注的議題。雖然只限政黨內部，但前述的西班牙「我們能」黨已大致體現了這種可能。與直接民主一樣，每個人的參與都直接體現在決策中，並且減少了盲目投票和非理性決定的機會；但一利自亦有一弊，維基民主勢必耗費全民極大的精力投入，公民亦失去了自主生活的部分權利。

繼而談到數據民主和智能民主。兩者的主要分別在於：前者更近似《十七歲的帝國》中常見的、未經過濾的民意調查，惟只要使用恰當的調查方法，同樣可以相當清楚地直接反映民意；後者則是前者的進化版本，民意不再只是數字上的反映、簡單的贊成或反對，更加包含實質意見的醞釀和洞察。我們大有理由相信，在超級人工智能的適當協作和誘導下，公民將更有效參與討論和表達意見，通過虛擬平台達至商議式民主的效果。

毋庸多言，讓人工智能介入政治辯論，未來主要甚至是最首要的任務，乃是為討論提供客觀真確的事實根據，或起碼對於何謂「事實」提供一個衡量標準；又或反過來說，能對虛假訊息進行有效的過濾——這彷彿是一種相當理想化的想像，但從資訊和知識管理系統發展的角度，卻又未必沒有落實操

	未經過濾	民意過濾
以人為本	直接民主	維基民主
科技為本	數據民主	智能民主

表九：智能革命下的四種民主想像
圖表參照：Susskind（2018）

作的技術基礎。

綜合來說，直接民主和數據民主皆偏向未經過濾的民意——自亦同時兼具顯著的優點和缺點；維基民主和智能民主則更貼近商議式民主的理想，但具體實踐模式卻有待進一步探索。直接民主和維基民主均較接近我們對民主的一般理解，因為那主要仍是由人來做主導，通過直接人際互動以尋求共識和決策；數據民主和智能民主則注入更多科技的想像——就好比機械人能代替產業工人，人工智能也能在政治層面成為好助手。

不少人或許早已注意到，上古雅典乃是基於奴隸制度，方才造就了大量有閒市民階級，構成了廣場式直接民主的條件；身處現代都會的我們，客觀物質條件原本一點也不遜色——人工智能和機械人正是當代的奴隸，原應貼貼服服解決我們的基本生產需要，而我們則有更多時間投入公共事務，將全民參與的民主理想化爲現實。問題卻在於：最終是機械人充當人的奴隸，抑或反過來由人充當機械人（及其背後的權貴精英）的奴隸呢？

相信讀者看到這裏，應已深明正如本書所一直強調的——這其實並非由科技決定的結果，而是全視乎人的意願和制度的設計。

從智慧城市到商議式城邦民主

《十七歲的帝國》構想在智能革命下，由人工智能和運算程式主導的算式管治，只是一個遙遠而未知的烏托邦嗎？設想 Utopi-AI 若能注入直接民主、甚或商議式民主的元素，又是否一個遙不可及的夢想呢？

城市研究先驅 Jane Jacobs 在《經濟就是那麼自然：聰明婆婆的經濟學講義》（*The Nature of Economies*, 2000）中，曾提及隨著電腦程式的進步，對城市運作的預測能力亦會大爲提高；但她同時警告基於蝴蝶效應，預測能力總會有著極大的局限。城市經濟就如生態體系一樣，乃是一個共同演化的不確定過程，是多方參與互動調節的結果。「錯誤出於過早便下定論，認爲已

珍．雅各絲：《經濟就是這麼自然：聰明婆婆的經濟學講義》（先覺出版，2001）

知你所需要的答案·，成功的路線圖源於謙卑的探索，不斷通過細微的嘗試來漸進修正。」

Jacobs 所預見的運算程式，現時已普遍被稱爲「智慧城市」（smart cities）。假如她仍然在生的話，會否支持這種發展趨勢呢？顯而易見，對於那些如黑箱般神祕的運算程式，她必定抱持著高度的警惕和懷疑。Jacobs 更傾向相信一般人的庶民智慧，而非專家的知識和科技的力量。若要爭取她投以信任的一票，整個系統必須以遠爲分散、透明和民主的方式運作。

然而恰恰相反，在現實世界中，智慧城市卻是一個中央集權化的設計，往往由技術官僚和企業精英所壟斷。在智慧城市的包裝下，市政管理和資源分配的問題變得非政治化，彷彿只需適當的技術介入便能解決。技術本身看似是中立和超然的，不涉及任何特定利益羣體的功利計算，能不偏不倚地服務所有市民。當它正靜悄悄地滲透城市生活的各個範疇，普遍市民盡皆置身其操控之下，卻可能仍一直蒙在鼓裏、渾不自知。

市政管理愈益靠賴那些高深莫測的運算程式，官僚架構的透明度和問責性不斷下降；而作爲銅幣的另一面，則意味市民的角色愈趨被動、原子化和欠缺參與。人與人之間的聯繫和凝聚力，讓位予智慧城市的中介角色；社羣自主合作的集體解難能力，讓位予人工智能的神祕力量。儘管不少智慧城市計劃均強調自下而上、以民爲本，但實際上只是指數據來自市民；而最終數據如何被挪用、篩選、詮釋以至引導決策，卻徹頭徹尾是一個自上而下、黑箱作業的過程。

愛爾蘭地理學者 Rob Kitchin 等在 *The Right to the Smart City* (2019) 中則指出，智慧城市除涉及市民的集體和個體權利外，更觸及一個根本的「科技主權」(technological sovereignty) 問題。智慧城市技術和數據作爲市民共享的共同體，根本不應片面地由技術官僚和企業精英主導。市民除了對科技的應用擁有知情權外，亦應該有更大的決策權、管理權和使用權。開放源碼、開放數據、公民應用程式和（例如維基百科般）更高民主參與度的網絡平台等，均應屬於未來公民的基本權利。

我想同樣的問題，其實大可以反過來思考：若我們失去對科技的控制權，

Paolo Cardullo, Cesare Di Feliciantonio & Rob Kitchin eds., *The Right to the Smart City* (2019)

則活在智能革命全面覆蓋的今天，我們還能否有效保障基本權利？一旦我們的科技主權喪失，則公民作為行使政治權利的主體、主權在民作為現代社會的基本原則，還是否有延續下去的可能？然則當我們仍在高呼自由民主的口號時，又是否應該顧及科技層面早已出現的不變呢？

據 Adrian Smith 和 Pedro Prieto Martín 在 *Sustainable Smart City Transitions: Theoretical Foundations, Sociotechnical Assemblage and Governance Mechanisms*（2022）的介紹，原來馬德里和巴塞隆拿早於二〇一五和二〇一六年，已分別推出 Decide Madrid 和 Barcelona Decidim 平台，就各項城市管理相關的大小事務，公開徵求全體市民的提案、討論、表態——以至議決，直接通過民意的「眾包」，來作為市政建設的準繩。

香港人對這類公民網絡平台或許感到陌生，但台灣人卻早已習以為常。經過近十多年的發展，「g0v 台灣零時政府」已滙聚資訊科技專家、企業工程師、民間團體、新聞界和學者等，發展成龐大的推動政府資訊透明化社群，

Luca Mora, Mark Deakin, Xiaoling Zhang, Michael Batty, Martin de Jong, Paolo Santi & Francesco Paolo Appio, eds., *Sustainable Smart City Transitions: Theoretical Foundations, Sociotechnical Assemblage and Governance Mechanisms* (2022)

並開發公民參與的資訊平台與工具。創辦人唐鳳更在二〇一六年加入蔡英文執政團隊，出任數位政務專員（後出任數位發展部首任部長），負起督導數位經濟與開放政府發展的職責。

或許可以說，西班牙和意大利等地的數碼政黨大行其道，亦爲這種相對類近《十七歲的帝國》的大膽構想，提供了天時地利人和的孕育土壤。進一步來說，由於中美兩國的網絡巨頭，早已主宰了尖端人工智能的研發和應用，作爲「第三勢力」的歐盟地區、以至位處政經弱勢的國家，反倒有機會以更超然和新鮮的視野——包括能更多從數碼人文主義角度，看破智能革命帶來的潛力和限制。

塞翁失馬，焉知非福。

去中心化自治組織的變革潛能

正如本書第三章已指出，由網絡巨頭全面操控的當代網絡世界，最恰當應被稱爲「平台資本主義」或「知識壟斷資本主義」。其後更被或民主或威權的政體所「收割」，形成全方位的監控社會。三十多年來，互聯網的開放、普及和平等使用，所開啓對更多元、開放、自由和機會平等的世界的期許，悉數落空。早於工業革命初期的 Robert Owen，已曾成功打造出自治實驗社區，並成爲其後合作社和工會運動等的雛形；在網絡平台的技術基礎上，近年則冒現了「平台合作主義」等嶄新發展趨勢。除了主導資本主義社會的中央集權模式，去中心化、自下而上和民主自治的組織實驗，其實從來都沒有遠離過人們的視野。

追本溯源，合作社作爲最典型的民主自治模式，可上溯至一八四四年英國 Rochdale Society 的創立（卽和香港開埠大致相同的時期）。當時已經訂立的合作社七大原則——自願與開放的社員制、社員的民主治理、社員的經濟參與、自治與自立、教育—培訓—倡議、合作社之間合作、關懷地方社羣——至今仍在全球各地廣泛採用，通常得到政府的法律保障和支持。

外界對合作社的刻板印象，往往停留在小貓三兩隻的小圈子遊戲；但事實是各地合作社經過長期發展，組織規模早已遠超一般人所能想像。其中最

合作社七大原則（上）

合作社七大原則（下）

著名的西班牙 Mondragon，單是聘用員工已達八萬人以上；即使在亞洲如日本的消費生活合作社、南韓的 iCOOP（此乃我個人的合作夥伴之一，詳見《開放合作！》一書的介紹）和台灣主婦聯盟，社員人數亦分別在五十萬、三十萬和十萬以上。

毋庸置疑，如何在民主參與和發展規模的兩難中，尋找適切的組織和管治模式，對各地合作社運動皆是巨大挑戰。在相當程度上，大型合作社普遍仍相當依賴專業階層，代表廣大社員履行日常管理職責，因此便只能挪用與政治體制相近的代議民主模式——由此衍生的優點和缺點，亦只能被迫照單全收。

由此 Scholz 等人提倡的平台合作運動，現時亦正發展成一項全球運動，可說是網絡時代爲合作社提供的最佳解決方案。它利用像 Uber 或 TaskRabbit 般的網絡平台，但就按照合作社七大原則進行管治——這意味平台資本主義的現實可被超越，共享經濟的初衷有望得到還原，用戶能夠重奪網絡平台的主導權。

當下區塊鏈和人工智能的急速發展，更令算式管治以至算式民主不再是天方夜譚。然則，新技術所構成的新組織條件和模式——就好比密碼貨幣和「去中心化金融」（DeFi），已對傳統金融體制構成實質的衝擊——又會爲更廣泛的政治、經濟、社會體制，以至整體人類未來，帶來怎麼樣的一種嶄新想像？它又會在怎樣的外在條件下，方能全面從概念走向現實？

尤其是通過區塊鏈的技術，即使在沒有中央管治或第三方保證下，「去中心化自治組織」（decentralised autonomous organisation, DAO）早已變得可能。它可藉通證（token）確認成員的身分，以智能合約規範成員的權責，包括投票的權利和所佔的份額。由此區塊鏈同步解決了參與成員的私隱保障，以及成員之間互信基礎的雙重挑戰，並令組織的透明度和問責性得到保證。

正如澳洲科技分析員 Kelsie Nabben 等指出，儘管平台合作運動和 DAO 來自迥異背景，但卻擁有相似的願景和方向。平台合作運動提供了更多在地組織和實踐經驗，讓民主自治的概念更好地落實；DAO 則提供了必要的技術支持，爲平台合作運動提供更有效的解決方案。當然，兩者皆仍處於發展雛形的階段，未來相信將有大量協作配合的空間。

正如高重建在《區塊鏈社會學》（2020）中指出，將 DAO 理解爲「民主」而非「去中心化」的自治組織，應該更加貼近其原意和初衷，中文則可翻譯成「區塊鏈共和國」。原因是「去中心化」一詞，主要指 DAO 超越了不同地域政府的規管；但「民主」則更能切中其區塊鏈民主管治的特質，因爲所有持分者都能參與。

高又進一步指出，去中心化亦指向 DAO 不設固定領袖的特質，但他認爲「有共識」才是更重要的潛台詞。因爲如果「純粹強調沒有固定領袖，羣體可以莫衷一是，各走各路，那根本沒有討論的價值」；相反要令 DAO 變得有意義，沒有固定領袖之餘，就必須包含「有共識」這個基本假設。因此與其說 DAO 是「去中心化」，倒不如說是「冇大台，有共識」。

相對於一個全面民主自治的社會，「去中心化自治政黨」（decentralised autonomous party, DAP）——一個以 DAO 模式進行管治的政治組織，或許是個適當的過渡階段。同樣如前所述，歐洲已有不少如西班牙「我們能」的

高重建：《區塊鏈社會學》（天窗，2020）

數碼政黨，相信它們亦能爲 DAO 模式的擴大和普及應用，帶來具前瞻性的重要經驗。

區塊鏈的應許與迷霧中的未來

自工業革命二百多年以來，從早期的合作社運動到當下的 DAO 實驗，代表著不同時代公民社會對民主自治的追求。它們顯然均可被歸類爲第三章曾提及，Wright 在《眞實烏托邦》提出的夾縫式變革，往往帶有強烈的無政府主義色彩。

顧名思義，夾縫式變革尋求在既有體制的縫隙中，實踐另類政經社會體制的可能性。對 Wright 而言，它們只存在於既有體制之外，其實並沒有正面衝擊既有體制；它們甚至可能耗費不少資源做實驗，反倒分薄了直接挑戰既有體制的反抗力量。這類爭議自十九世紀以來便一直存在，每隔一段時間又會重新出現，然則夾縫式變革的眞正意義又是甚麼？

由此 Wright 指出了夾縫式變革的四種潛在貢獻，而這亦是《眞實烏托邦》一書提出的主要洞見。其一，即使既有體制一時三刻仍佔主導，但該等另類實驗仍能局部讓人重奪生活的自主權，起碼可在一定範圍內實現民主自治的理想。

其二，當這些實驗取得一定進展、規模逐漸擴大，它們早晚也會和既有體制產生矛盾和衝突，由此便可進一步測試，實驗成果是否具備取代既有體制的可能。該等測試當然不會一蹴而就，但卻有助持續尋覓和突破既有體制的缺口。

其三，最終能否突破既有體制的規限，當然充滿著各種變數和不確定性；但持續嘗試同時卻是一個學習、實踐和不斷修正錯誤的過程，並且具有教育普羅大眾的作用。它們起碼能讓所有人都看到，單一既有體制以外的多元可能性。

最後，當某天既有體制一旦突然崩潰，大家均已經過一定的演練和測試，如此替代方案便變得更具說服力。這意味變革將可以更無縫和有序地進行。至於過程中難以避免的震盪和陣痛、普羅大眾生活所受到的干擾，亦可望盡量減至最低。

Wright 關於夾縫式變革的一般性討論，相信再過二百年仍然歷久彌新；但放在當下智能革命的歷史脈絡中，又能爲我們帶來甚麼具體的啓示呢？第一，我想相對於以往的實體政治空間，網絡所能提供的虛擬空間更具靈活彈性，能兼容百花齊放的各類創新實驗，產出的結果亦獲得更充分的傳播和交流。

第二，儘管至今我們仍生活在網絡巨頭主導的世界，社交媒體仍處於衆聲喧嘩的狀態，企業通過網絡 2.0 和應用程式，對用戶仍施加非一般的操控權力；但對網絡 3.0 或 Web3 的持續探索，反映智能科技未來所能釋出的變革潛能，仍然讓人感到審慎樂觀。

第三，智能科技其中一項首要任務，就是對虛假訊息進行有效的過濾，爲民主自治創造客觀的條件。正如《WIRED》雜誌最近報導，西班牙有機構正嘗試利用人工智能，對網絡爬蟲和虛假網頁進行辨識，並對假新聞和假資訊加以過濾。毫不誇張地說，fact checker 的成敗茲事體大，甚至關乎自由

Fact-Checkers Are Scrambling to Fight Disinformation with AI

民主和人本主義的未來。

第四，尤其是區塊鏈和各種密碼協作工具，進一步帶來了整全的組織和管治模式，讓所有人均能在「冇大台」的情況下，仍能有序地建立互信和合作基礎，逐步邁向「有共識」的實質結果。由此實驗的連貫性和持續性，亦有望大大加強。

然而，正如本書自始至終所強調的，除了要看科技本身蘊含的力量，仍需放眼宏觀的政治、經濟、社會、文化等眾多因素，才能掌握歷史場景的全局觀。智能科技或許已成爲不可或缺的條件，但卻絕非建立民主自治的充分條件。只有對「眞實烏托邦」擁有清醒和深刻的認識，它才會有可能如實應驗。

Michael Casey 和 Paul Vigna 在《眞理機器：區塊鏈與數位時代的新憲法》中指出，當深具變革潛力的科技變得普及，人們亦是時候回望先輩的歷史，思考過去是如何藉著全新的社會約章（例如《美國憲法》），去定義和規範一個嶄新時代的來臨。

事實上，早於四、五十年前的第三次工業革命，資訊及通訊科技已打破了固有的地域界限，推動所謂「全球化」的全新進程。可惜時至今日，全球各地仍沿用國族本位的內政和國際體系，完全追不上時代急速發展的需要。在當下第四次工業革命的智能科技衝擊下，各地政府是但求像穿山甲般保守和退縮，抑或能共同打造全新的制度框架，令國家、市場和社會力量找到新的均衡？

以美國爲例，Casey 和 Vigna 形象地指出，只有當矽谷、華爾街和華府這三個權力中心，能找出和平共存的新契約精神，並令中心化與去中心化的力量取得新的平衡，智能革命下的新體制才能有序地建立——我想，他們或許忘記了加上社會力量的代表；但權貴精英是否敢於承擔歷史重任，其重要性亦確實絕對不能忽視。

或者可以說，假如科技仍如常由一小撮人所壟斷，也就相當於政治權力集中在少數人手上。設想眞有掌控尖端科技的「神人」，則相應的政治模式便會是「帝制」，眞正實現歷來極權統治者的夢想——全面將人民洗腦，抹掉思想中的一切「污點」，人皆變成乖乖小綿羊，再不懂也無力反抗。相反，假如知識和科技也能民主化，則整個世界也不致過於沉淪墮落。

我當然並非只是癡人說夢，在網絡壟斷的國度之外，「開放源碼運動」(open source movement) 同樣遍及全球；《維基百科》和 Creative Commons 版權共享模式，以至全球各地大學提供的線上課程，皆是將知識開放平等共享的顯著例子。知識和科技並不必然掌握在少數人手上，它同樣可以作爲推動社會公平和自立自主的工具。

第六章　崩潰或重建的路線圖

在經典科幻小說和同名電影《沙丘》（*Dune*, 1965/2021；港譯《沙丘瀚戰》）中，有一個名為 Bene Gesserit 的女修會，相信大家都不會感到陌生。外界常常稱其成員為女巫，因為她們不但有預知未來的能力，而且還矢志改變早已預知的未來——歷史的軌迹最終確是被其成功改寫了，但卻帶來了更加意想不到的後果。

從存在到經驗上的確定性

韋伯（Max Weber）在其社會學的經典著作《新教倫理與資本主義精神》（*Protestant Ethics and the Spirit of Capitalism*, 1905）中，指出在基督新教的教義中，人無法確定自身是否得到救贖（因為那全是來自神的旨意和恩典），故此衍生出一種持續的「存在焦慮」（existential anxiety），最終轉化成「入世禁慾主義」（worldly asceticism），一種崇尚辛勤儉樸的行為範式。這行

《沙丘》(2021)
圖片來源：https://www.warnerbros.com/movies/dune

爲範式卻出乎意料地，變成了驅動資本主義發展的重要動力。

對韋伯而言，新教徒乃是爲信仰而努力過活，累積大量財富只是意外收穫；但作爲後來者的我們，則是在其早已設定的範式下，被迫爲之。當現代資本主義的運作規律成爲常態，所有人皆被迫捲入這座龐大的機器，困於現代經濟理性的「鐵籠子」之中，謹小慎微、錙銖必較，不能自拔。這亦正是新教倫理帶來的另一意料之外。

歷史的軌迹總是充滿偏差和驚詫，韋伯提出的「新教倫理與資本主義精神」，很可能是自啓蒙運動以來的西方現代化進程中，最具代表性的範本。換句話說，傳統社會人們致力追求的，乃是「存在上的確定性」（existential certainty），亦可稱爲內在的、靈性上的確定性；但現代化過程所衍生出來的，卻是對「經驗上的確定性」（experiential certainty）的追求，亦可稱爲外在的、世俗上的確定性。

這種所謂經驗上的確定性，狹義來說即韋伯筆下經濟運作的理性和邏輯，廣義來說則廣泛涉及自啓蒙運動以來，佔有壓倒性主導地位的科學精神——在社會科學的領域，主流經濟學長期雄據顯學的地位，不但在解釋，而是同時在塑造、凝固人的行爲模式；在自然科學的領域，科學精神亦不但協助人了解這個世界，而是進一步在不斷改造這個世界。

在過去三、四個世紀的現代化進程中，人逐步放棄追求存在上的確定性，轉而追求和膜拜經驗上的確定性。人已逐漸將存在焦慮拋諸腦後，轉而擁抱「活在當下」的自身經驗世界。人更將自己放在宇宙中心的位置，人的理性和良知被高舉，人成爲現世自身命運的主人；但完全出乎意料的結果卻是，人卻愈益被困在這種確定性之中，按照經濟學或自然科學設定的規律生活，失去了個體選擇的彈性和自由。

然而，這顯然並非現代歷史事實的全部。套用科學社會學家 Michel Callon「框定與溢出」(framing and overflowing) 的框架，主流經濟學取得的所謂確定性，只適用於被其框定的封閉系統之中；對於被排拒在外的溢出，經濟學家一律稱之爲「界外效應」(externalities)——溢出並非不存在，只是人對之視若無睹、或置之不理而已。按照同樣道理，現代科學往往亦只著眼於既定的變項，對整體世界卻欠缺系統性的認知。

因此，主流經濟學往往只適用於那些能從中獲利的人，卻無法應用於其他(可能是大部分！)利益受損的人，物質豐盛背後是高度的貧富差距、社會矛盾；現代科技進步則往往只是惠及(相當一大部分？)人類，地球上其他物種卻被排除在外，物質豐盛的另一面是生態破壞、資源耗盡——對整個地球存在或經驗上的不確定性，皆眼不見爲乾淨。

存在和經驗上的極不確定性

然而，同樣令人意外的是，這卻並非人類「歷史的終結」。二〇〇八年突如其來的金融海嘯，成爲人類歷史上規模最大的經濟危機。期間英女皇到訪倫敦經濟學院，問各大教授爲何無人預見金融危機，所得到的回覆是：「主要是國內外一衆智者集體欠缺想像力，未能探明其對整體系統的風險。」

二〇〇八年過後，資金大規模從傳統產業轉向創科產業，構成了推動智能革命的主要條件。從智能手機到百花齊放的智能裝置，再次爲經濟結構、日常生活以至人類歷史的軌迹，帶來翻天覆地的根本改變。當代人工智能和運算程式的普及，進一步令社會和自然運作的規律，變得更加可被預測和操控；但當封閉系統內經驗上的確定性被推向極致之際，迎來的卻竟是整體人類極度不確定的未來。

正如 Harari 指出，即使未來社會仍需要較高端的人類智慧，那亦只會是與運算程式合作無間的精英智慧，而不是一般平凡人的個人智慧。由此電腦將可爲一般人決定其人生：小至選擇日常交通的路線、投資理財、購物消費的種類和比重等；大至選擇學校和學科、物色配偶和作出生育的決定等。推而廣之，則電腦亦將較我們更深切了解，誰會是更優秀的政治領袖、哪些將是更佳的政策決定等。是爲「數據宗教」的全新國度。

然則，大多數人是否還具有生存的空間呢？設想政治和科技權力相對平均分配，則少數權貴仍會備受一定的制衡；但若政治和科技權力變得高度集中，精英是否仍願意照顧餘下的大多數人，揹上這個欠缺政治經濟效益的大包袱，便會成爲極大的疑問。二〇二〇年橫掃全球的新冠肺炎疫情，正充分展示了這已不再是天方夜譚。或許如英國社會學家 Peter Frase 在 *Four Futures: Life After Capitalism*（2016）中提出的，假如資源及生態環境急劇惡化，則大量人口將會面臨被淘汰的厄運。

又或如我在《後就業社會》（2018）一書中已指出，正當「後就業社會」出現之際，「後自由主義」、「後人類社會」亦將接踵而來。

正如本書第二章會引述的 Helga Nowotny，在其關於人工智能的新作 *In AI We Trust: Power, Illusion and Control of Predictive Algorithms*（2021）中指出，當運算程式的預測能力不斷提升，爲一般平凡人帶來經驗上的極度確定性，實際上只是一種自欺的假象——這只是少數掌握尖端科技的

Peter Frase, *Four Futures: Life After Capitalism* (2022)

年份	認知	歷史階段	人類的追求和回報
10000 BC–1776 AD	農業革命	傳統社會	存在上的確定性
1771–2016 AD	工業革命	現代社會	經驗上的確定性
2016–2040 AD	智能革命	當下社會	經驗上的極度確定性
2040 AD–	數據宗教	未來社會	經驗上和存在上的極度不確定性？

表十：不同階段人類的追求和回報

圖表參照：《敵托邦》（2022）

精英，爲生活在某個被框定的封閉範圍內的所有人，營造出來的一種自我良好感覺。一旦跳出這個「舒適圈」，大家才會看見充滿不確定性的現實眞象——全球暖化、極端氣候、生態危機……公共衛生危機、新冠疫情，系統性危機全然超出科技所能預測和控制的範圍。

自二〇二〇年起蔓延全球的新冠疫情，就更讓所有人均被困在斗室中，資訊及通訊科技成了打破「社交距離」的惟一方法。即使疫情過去，人們的生活方式亦已發生根本改變，勢必更依賴電腦屏幕去解決工作和購物的需要，意味人們將更樂於留在科技打造的舒適圈中——當新冠病毒不再在人體之間傳播，科技帶來的各種應許和威脅，卻恍如病毒般迅速在網絡上傳播，並更根本地左右著人類的集體命運。

問題的關鍵遂在於：一般人生活在舒適圈中久了，難免對經驗上、以至存在上的不確定性和危機感失去觸覺，乖乖變成任由科技操控、依賴運算程式取代思考、在實驗室中任人魚肉的白老鼠。而權貴精英除了樂於「收割」誘人的財富和權力，亦難以抗拒擔當超凡入魔的「當代浮士德」那份謎樣魅力，並對實驗室外邊的挑戰失去警覺——並非科技與人之間的距離，而是精英與平凡人的距離大幅提升，才是核心癥結所在。

因此，要化解超級人工智能對人類文明的挑戰，答案到頭來其實十分簡單——簡單得太容易令人掉以輕心！那就是重拾「人人生而自由，在尊嚴和權利上一律平等」，一個看來顯淺得很，但無論在過去和現在，均從來只停留在口號層面，並沒有被認眞看待和實踐的原則——而在智能革命的歷史脈絡下，這當然必須包含免於智能操控的自由，以及擁有及駕馭科技的權利。

人類未來的追求和回報

在《敵托邦》（2022）一書中，我曾借用三齣科幻電影，嘗試勾勒出人類未來的迥異路徑，在此只作簡略概括，不再重複贅述：

- **《太空奇兵．威E》**：如前所述，人類將活在「堅離地」的太空船「公理號」（Axiom）上，由電腦全權統治和嚴密操控，擁抱著經驗上的極度確定性，這可以稱為一個「快樂愚人」社會。
- **《挑戰者一號》**：人類生活在赤貧的狀態，只能在虛擬真實的「綠洲」（Oasis）中，繼續與權貴階層進行絕境抗爭，但那亦意味經驗上的極度不確定性，這可以稱為一個「網絡游擊」社會。
- **《蝙蝠俠：俠影之謎》**（*Batman Begins*）：由於政治極度腐敗和黑幫勢力當道，人類只能活在由壟斷資本掌控的葛咸城（Gotham City）中，存在和經驗上皆面對極度不確定性，這可以稱為一個「自毀資本主義」社會。

在此還可再加上一種「哥布林模式」（Goblin Mode），最近被《牛津字典》選爲年度代表詞語。哥布林原是西方神話和電影中常見的綠色小矮人，哥布林模式則被定義爲一種毫無愧疚地自我放縱、懶惰、邋遢或貪婪的行爲，通常會表現出拒絕社會規範或期望——在中文的語境中，它大致相當於「躺平模式」。

顯而易見，與綠洲或葛咸城模式爭鬥不絕的「擺爛」格局相比，哥布林或躺平模式代表著人類放棄對未來的追求，來作爲面對存在上和經驗上不確定性的回應——躺平在地當然不會再下墮，沒有追求當然亦不再會失望！其實在公理號的快樂愚人社會中，人類早已同樣毫無愧疚地「躺平」，淪爲行屍走肉般的空洞存在；只是「幸運地」，仍能維持物質豐盛、無憂無慮的生活——因此不無諷刺地，「躺平」或許已是人類不算太壞的選擇！

當然，這些都只是意氣話。正如我已多次反覆強調，未來發展方向仍然充滿變數，世界將由哪一種路徑主導仍言之尚早；但可以肯定的是，現階段人類正位於某條歷史的歧路上，全球、區域、國家、地區和城市等不同層次參與者的互動博弈，社會、經濟、政治和文化等不同因素構成千差萬別的偶合，正交

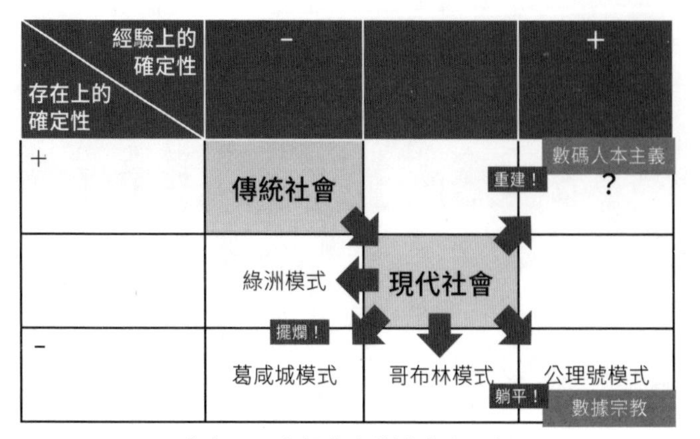

表十一：人類未來的追求和回報

圖表部分參照：《敵托邦》(2022)

織成未來軌迹或緩或急的轉向，拼貼出動態和多變未來的未知圖像。

同樣可以肯定的是，數碼人本主義將必扮演舉足輕重的角色。正如本書自始至終強調，只有擺脫以科技爲中心的思維模式，人才能眞正理解科技的挑戰，和有機會找到有效應對的方法；只有把科技與人重新放在適當的位置上，肯定人、制度和社會在擁有和掌管科技的角色，讓人類——包括一般平凡人——重新掌握自身的經驗世界和存在價値，重建屬於自己的未來。